U0127016

从江户到东京

小人物们的明治维新

〔日〕横山百合子 著

张敏 丁诺舟 译

江戸東京の明治維新

上海人民出版社

共 感
Sympathy

———

关注值得注意的人物、事件、观念与思想

中文版序言

此次承蒙张敏老师、丁诺舟老师翻译，使中国读者得以阅读鄙人拙作，万分荣幸。

2017 年、2018 年两年，正值日本王政复古、明治维新一百五十周年之际，各类相关论坛、研讨会在世界范围内广泛召开。本人也参加了一两次相关学会，在会上深刻感受到，学术界对明治维新的研究方法与视角不断多样化。学者们不再局限于既往的政治史研究，基于性别史视角的明治维新研究、针对现代日本残存的维新记忆的社会影响研究、将明治维新置于近代化过程中的全球史比较研究等等，新研究方法层出不穷[1]。

本书在研究方法多样化的潮流中，以日本近世社会史研究为基础，不将明治维新视为"走向近代化的成功故事"，而将其看作近世社会解体过程中诸多社会矛盾交织在一起的产物。

1　https://ceas.yale.edu/meiji150，Yale University（US），Revisiting Japan's Restoration：Interregional，Interdisciplinary，and Alternative Perspectives，NUS（Singapore）.

1990 年后，日本的近世史、社会史学界开始注重"身份等级"研究，各种身份等级、职业集团、地域社会的实情不断明了。为了维持生活，普通民众们自发结成了固定的"身份等级集团"，土地所有制、技术与产品销售场所构成了各集团的基础性要素。研究者们借由研究上述基础性要素，不断深化对近世固有社会构造的理解。本书认为，日本近世的身份等级制并非自上而下制定的制度，而是以人们为了生存需要自发形成的集团为基础，不断完善的。幕府和大名均以村、町等身份集团而非个人作为发布命令的直接对象。

　　明治维新的本质是否定身份等级制度的政治改革。本书以明治维新造成的具体社会影响为主题，聚焦在身份等级制崩溃后的混乱中努力求生的人们，以此探究明治维新时期社会的实际状况。

　　明治维新时代是激情与混沌并存的时代。面对旧有社会秩序的崩溃，福泽谕吉大力地宣传近代社会的运转机制，借此鼓舞万民。福泽谕吉言，"上天不造人上之人，亦不造人下之人"（明治五年《劝学》）。这句名言不仅被明治时代的民众奉若圭臬，更为今人所熟知。然而，福泽谕吉又言，"期凡夫百姓自起向学之意，宛若植杉苗而求帆柱"（明治八年《国权可分说》）。福泽谕吉鼓励曾经的武士阶层奋发努力、实现近代化，却将本书的主角们统称为"凡夫百姓"，不抱任何期待。然而，支撑福泽谕吉的生活乃至整个明治社会的，却正是这些被福泽谕吉视为愚民的底层劳动者们。

失去了长久以来赖以维生的身份等级制度，这些撑起社会顶梁柱的百姓们是如何克服困难的呢？本书选取从江户转变为东京这一激烈变革的时期，描绘了奋斗在城市底层的人们。拙作篇幅短小，在庞大的维新史、近世史研究基础上，不去描写英雄，只关注挣扎在生死线上的百姓，希望能借此重新审视明治维新。

横山百合子

和暖春光　伴雨寥书

2021 年 4 月 14 日

目　录

序　章

　　庆应四年（1868 年）四月九日 [1]，新政府军进驻江户城的两天前，天皇在巡幸大阪途中召见了萨摩藩武士大久保利通，听取了大久保利通有关天下大势的报告。虽说并非当面向天皇进言，但身为一介下级武士的大久保利通能直接向天皇汇报已属破格之事。他在日记中写道：

> 余实乃鄙野凡夫，才疏略短，却得拜玉座之机，诚惶诚恐，难以言表，惟感激涕零。此为余一身之幸，亦为藩士（得见天皇）之始，前无古人，惟诚惶诚恐（《大久保利通日记》上卷）。

　　平日不甚饮酒的大久保利通当晚与同伴开怀痛饮。在大久保利通所构想的新国家体系中，天皇必须脱离宫中女官的束缚，临万民之前而理国家万机，成为能动性的亲政型君

1　明治六年（1873 年）开始使用新历，之前均为旧历。——此类注释为译者注，下同，不另标出

主。大阪巡幸则是完成这一构想的第一步。大久保利通力排众议，促成大阪巡幸，本应颇有成就感，但是在日记中体现更多的却是他得以拜见天皇的激动之情。促成天皇召见下级武士这一前无古人之事的人是公卿贵族三条实美。通过大久保利通的态度，三条实美无疑更加清楚地认识到天皇权威的政治效力。

几乎同时，"锦绘"[1]在江户掀起了前所未有的热潮。其中一幅题为《当今三味线[2]之乐》的锦绘中，画有穿着胡枝子纹样和服的（长州藩）男性抱着穿着"将棋"中"金将"纹样和服的男孩（天皇）的场景。该锦绘显示了战局对新政府军有利，它将天皇描绘成天真无邪的男孩，暗中讽刺萨长两藩在背后操纵天皇。"大叔，快带我去那里"，男孩手指的方向是三味线老师的教室。这位女老师暗喻第十三代将军德川家定的正室天璋院。配合着三味线的曲调，会津藩哼着"反正无计可施"的小调。屋子更深处，德川庆喜哼着"我本孤身一人"的曲调，怄气地躺在地上。

这种锦绘被称为"讽刺锦绘"，在当时卖出了近三十万幅（《藤冈屋日记》十五卷）。光是流传至今的就有一百五十余种。其中最引人注目的，是将戊辰战争比作孩童打闹或动

---

1 描写市井生活的彩色浮世绘版画。
2 日本传统乐器，为三根琴弦的弹拨乐器。

左侧，抱着穿"金将"纹样和服的男孩（天皇）的是胡枝子纹的长州藩，身旁的是碎白点纹的萨摩藩。萨长两藩身后，冈山藩边说"孩子，把这个借给你吧"，边把水枪递给天皇。右侧是三味线女老师歌泽天的教室。"天"代表第十三代将军德川家定的正室天璋院。伴着三味线唱歌的是会津藩，手持菊纹团扇的和宫称赞"越唱越好了"。招呼萨长"大家进来吧"的是尾张藩，一旁的猫揶揄尾张藩道"你的心是双头萝卜，到底哪个是真心"。一脸愁容抱着肩膀，身穿橘子纹样和服的是纪州藩。没能满足江户民众期待的"御三家"被塑造成极为靠不住的形象。绘图中央的若隐若现的影子是以竹子和麻雀为家纹的仙台藩，反映了画师"仙台藩一定会救会津藩"的政治预判。会津藩的右后方，庄内藩被描绘成米仓酒窖，暗喻此后的关东北部与东北的战争。追随在萨长后面的是鲣鱼纹样的土佐藩等。对于江户人来说，各地的特产是构成其对当地印象的要素（《当今三味线之乐》，1868 年，国立历史民俗博物馆藏）

物争斗、将萨长两藩占领江户比作市场店铺竞争的画作。生活在现代的我们很难理解这些画作的真实用意，但是生活在当时江户的人们一看便知。和服的纹路暗示着藩名、家纹或藩的特产，比如截半六边形或碎白点代表萨摩藩，蝴蝶或胡枝子代表长州藩，蜡烛代表会津藩。桥板代表一桥（德川）

庆喜，菊纹代表和宫，天皇则取"禁中""禁内"的"禁"字谐音，用"金"字或含"金"的纹样代表，例如将棋的"金将"、腰带上印的"金"字，甚至手里拿金鱼。在锦绘中，天皇是萨摩、长州的大叔手牵着的孩子王"小金"。在江户的画师手中，天皇完全没有权威感。

江户的画师对萨长两藩充满警惕与恐惧，但还能冷静地考量新统治者的能力与其权力集团的内部斗争。画师将观察到的世风以诙谐的笔锋绘成画作，雕刻师与印刷师则迅速将其印刷成锦绘，商人通过组织确保锦绘的销售途径，百姓们则争先恐后地抢购锦绘，低声传谣，观望事态发展。新政府军高举锦旗一路东进，以统治者身份出现在江户，却难料等待他们的是这样的一群百姓。

明治元年（1868 年）十月，天皇首次巡幸江户（东幸）之时，新政府以"恭迎天杯"为名，向各地分发庆贺之酒。次年第二次东幸之前不久，新政府又让即将成为皇宫的江户城吹上苑对外开放，五十五万零七十三人得以在此赏花。蜂拥而至的人们互相推搡，出现了死伤人员。几天后，东京府为此支付了高额的慰问金。新政府当然知道仅靠此类施以小惠的行为不可能顺利统治东京这一大都市。但稳定江户庶民的民心是新政府与东京府的头等大事。在宽政、天保两次改革中，如何维持江户这一世界屈指可数的大都市的稳定，同

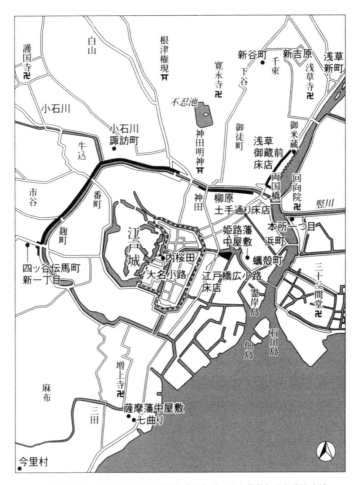

江户全图　本书涉及的地名等均在此图标注。黑色带状部分为路边店铺

（参考第三章）

样是令幕府头疼的难题。这一难题原封不变地交到了新政府手中。

　　新政府如何统治这个被改名为"东京"的巨大都市，而江户百姓们又如何对待新政府的统治，这是本书的主题之一。我们先从江户开城说起。

第一章
从江户到东京

第一节　大名小路的风景

江户区划图《御曲轮内大名小路》

庆应四年（1868 年）一月，德川庆喜战败于伏见鸟羽之战，向倒幕军投降后，归隐上野东叡山大慈院。东征军大总督府参谋西乡隆盛与旧幕府陆军总裁胜海舟会面交涉后，决定暂缓对江户城发动总攻击。四月二十一日，大总督率领先锋总督等人进入江户城，开始了东征军对江户的占领统治。

对长年生活在江户的武士与町人来说，江户城是何种地方呢？权力从幕府转移到朝廷这一过程对江户带来了何种影响？生活在江户的武士与町人又是如何看待这种变化的？以与江户城相邻的"大名小路"与"大川端"（现隅田川河口、滨町、蛎壳町）附近的武家用地变化为线索，我们可以窥得戊辰战争前后江户的状况。

图为庆应元年（1865 年）的江户区划图《御曲轮内大名小路》。在区划图中，江户城城内范围中仅有"御城"和"西御丸"两个词语、象征吉祥的鹤和龟以及方位，此外皆

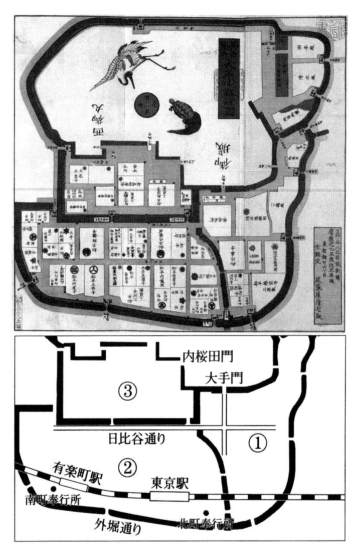

　　幕末的"大名小路"，①是大手御门前 ②是大名小路 ③是西之丸下（《御曲轮内大名小路绘图》，1865 年，东京都立中央图书馆藏）

为空白。可见，江户城内是江户庶民难以知晓的区域。

江户城的东侧，现在皇宫外苑（皇居前广场）到丸之内的地区，被护城河分割成大手御门前、大名小路和西之丸下三个区域。在区划图中标有幕府各行政部门与大名宅邸的名称。大手御门前相当于今天的大手町。大名小路位于现在东京站与日比谷大街中间的丸之内地区，这一地区近年来城区改造十分频繁。西之丸下相当于现在的皇宫外苑。按照规划图对其的命名，本章将这三个区域统称为"大名小路"。

《江户城登城风景图屏风》

区划图中的大名小路区域除标有老中[1]和若年寄[2]的办公处、寺社·勘定·南北町三个奉行所[3]、评定所[4]之外，还标有强势大名的宅邸。当时的町人们如何看待上述地区呢？

弘化四年（1847年），会津若松地区的画师大须贺清光以西之丸下的大名登城风景为主题，绘成《江户城登城风景图屏风》。因为跨过护城河可以看到城内的樱花，所以可以推定绘画的是春季的参勤交替。大名们到达内樱田门（现

1　江户幕府的官职名，负责统领全国政务。

2　江户幕府的官职名，是仅次于老中的重要职务。管理老中职权范围以外的诸多事务。

3　江户幕府时代的市政府机关，寺社奉行管理宗教与部分诉讼事务，勘定奉行管理财政与幕府直属领地，町奉行掌管江户的行政与司法。

4　江户幕府时代的司法审判机关。

　　大名小路是广受江户庶民喜爱的风景名胜。人们一边喝酒、吃荞麦面，一边观赏豪华的大名队列。等待大名归来的武士们在此或掷骰子赌博，或打瞌睡（大须贺清光《江户城登城风景图屏风》，1847 年，国立历史民俗博物馆藏）

在的桔梗门）附近的"下马处"后，就要减少随从人员的人数，从城门进城。画中标记了冈山藩、福冈藩、久留米藩、仙台藩等强藩的藩名，这些强藩的大名往往拥有一国之地，队列也非常豪华。

在画作的下方绘有大量悠闲观赏队列的人物。其中既有出售酒与荞麦面的挑担商，又有坐在用桶与木板搭成的简易桌椅上就餐的游客，还有带着孩子看热闹的女性，甚至有销售各队列特征的瓦版[1]商人的身影。在"下马处"等待大名归来的武士中，既有长枪立地以示威武者，亦有打瞌睡甚至掷骰子赌博者。所谓"下马评"这句日语常用语，原本正是指在"下马处"容易传播流言蜚语。如果只看区划图，人们往往会想象老中幕僚与大名宅邸鳞次栉比的庄严景色。但是在江户时代后期，内樱田门的"下马处"已经成为观赏大名队列的风景名胜地。

露天茶屋

《江户城登城风景图屏风》将内樱田门描绘成庶民们观赏游玩的快乐空间。不仅如此，"大名小路"同样是庶民耳熟能详的地方。庶民为提交各种申请书、报告书，参加诉讼与审判，经常要光顾南北町奉行所、勘定所、评定所等地。

---

1 黏土烧制成版所印刷的出版物，类似于报纸。

这一地区相当于今天的市区政府、警察局、法院等机关集中的区域。

民众前往各政府机关时，并不能直接登堂办事。仔细看区划图可以发现，这一区域内到处都有与大名宅邸规模迥异的小白框。这些小白框被称为"坐席"（腰掛），目的是服务前往行政机关办事的庶民。幕末时期，大手御门前、常盘桥门内的勘定所前、御春屋（管理城内春米及粮食的机构）前、西之丸下的步兵驻屯所前、会津藩上房前、大名小路南北御番所（町奉行所）前均有这一设施。

坐席受辅佐审判事务的"公事宿"管辖。公事宿主要负责撰写诉状以及陪同当事人前往行政部门办事。坐席虽然接受政府的管辖与支持，却是町人自发设置运营的服务项目，主要负责受理诉状。因为还对外提供茶水服务，所以也被称为"露天茶屋"。

如果町中的租客要前往町奉行所打官司，首先要有所居住区域的"名主"（基层行政管理人员）首肯盖章，然后要在房东的陪同下，前往坐席申请诉讼。诉讼申请被受理后，由公事宿起草诉状并代理起诉。审判当天，诉讼相关人员在被传唤之前，都要在坐席等待。通常人们要等待很长时间才能被传唤至法庭，因此坐席渐渐成为打发时间、进食更衣甚至静卧休息的场所。相当于今日庭外和解的"内济"环节也一般在坐席进行。

维新时期，河竹默阿弥创作的歌舞伎名作《梅雨小袖昔八丈》（通称"发结新三"）中有一个情节，描绘房东长兵卫恫吓主人公新三。长兵卫喊道："莫说南北町奉行所，便是前去勘定、寺社奉行、火付盗贼改方[1]之处，直言深川长兵卫之名，坐席之地亦无人不晓。吾乃响当当之东家也。"可见，大名小路的坐席是房东们耳熟能详之地。

繁华的内樱田门

虽然《江户城登城风景图屏风》中不见坐席的踪影，但实际上当时坐席鳞次栉比，异常繁荣。从宽政三年（1791年）张贴在南北町奉行所坐席处的《两御番所腰掛掛扎》和涉及坐席的町中告示来看，坐席多有"无益的费心"之处。诉讼相关人员以"公事辛苦礼"为名，用豪华的酒桶和御膳盒宴请审判人员。这种"寒夜酒菜"自不用说，甚至有人以"临别践行"为由，宴请町行政人员前往饭店或鳗鱼店大快朵颐（《江户町触集成》）。《江户城登城风景图屏风》所绘制的是从西之丸下会津藩上房前坐席的方位观望内樱田门和西之丸下方向的风景。坐席中观光客饮茶喝酒，观赏大名行列的景象，与现在面朝广场的露天咖啡馆如出一辙。

---

1 江户时代的特别警察，负责维护江户治安，取缔各种犯罪活动。

江户时代的行政体系不仅包括町和村一级的行政机构，还涉及众多集团。町人阶层的团体被称为"町中"，百姓（农民）阶层的团体被称为"村中"，除了这两大集团之外，还有众多幕府公认的集团。这些集团以共同的行政职能为基础，通过自主管理的方式承担公共行政运营，比如前文所述的公事宿。坐席也是支撑这种行政体制的重要组成部分。虽然幕府多次发文警告坐席，禁止提供奢华饮食，要求其厉行节俭，但这并不是说幕府不需要坐席这一机构，而是因为其"浪费过甚，不宜"（《天保杂记》），幕府反对奢侈浪费。对幕府来说，坐席是不可缺少的组织。

坐席一方面接受幕府的管制，一方面依靠与行政机关的联系不断发展。与公事宿等机构相同，坐席是联系町人和町奉行所的桥梁。

第二节　藩邸的战略性配置

大名小路藩邸之主

在江户幕府末期，大名小路是庶民们耳熟能详的热闹场所。但是仔细研究江户区划图《御曲轮内大名小路》可以发现，大名小路的空间配置极富战略性。庆应元年（1865年），以下人物的宅邸位于大手御门前、西之丸下和大名小路之内。

- 御三卿（田安、一桥、清水）
- 大老[1]（姬路藩）、老中、若年寄（包括老中级别者）的幕僚
- 深受将军德川家茂信赖，在其进京时被允许一同登城的庄内藩、三河吉田藩、忍藩
- 与德川家保持紧密纽带关系的谱代诸藩（宫津、高取、鹤牧、棚仓、古河、美浓加纳、长冈、笠间、天童、敦贺、冈崎等）

---

1 大老，江户幕府的官职名，地位在老中之上，只在非常时期设立，统辖幕府的所有事务。

- 在庆应元年的政治形势下，备受幕府信赖的会津藩、福井藩、土佐藩、小仓藩
- 在血统上与德川家联系紧密的鸟取藩（水户藩主德川齐昭的第五子庆德）、冈山藩（水户藩主德川齐昭的第九子茂政）、岛原藩（水户藩主德川齐昭的第十六子忠和）、津山藩（前藩主为第十一代将军德川家齐的第十六子齐民）、德岛藩（藩主为第十一代将军德川家齐的第二十二子齐裕）

与幕府政治立场一致的诸藩被安置在了这一区域。在江户城背后的麹町、番町和骏河台，除了道路附近的狭窄区域外，几乎所有土地都被德川家直系臣僚的旗本、御家人占据。可以说，在激烈变动的幕末政治形势下，江户城周围的大名宅邸规划严格地遵循政治、军事考量，按照与德川家的亲疏远近决定藩宅位置。

上房、中房、下房的功能

在讨论维新后江户城附近的战略配置变化之前，不妨先考察大名小路区域以外的大名宅邸状况。

无论是否在幕府保有官职，让家人住在江户并定期进行参勤交替是大名的义务。大部分藩都在江户拥有上房、中房和下房三种宅邸。上房供大名及其家人居住，同时也是处

大川河口附近的滨町一带兴建有大量内设名苑的中房。这些中房往往是大名的别墅，或是世子宅邸。但是时至幕末，出现了具有商业功能的宅邸。在实线方框圈出的地区中，蛎壳町有姬路藩的中房。图的上部用虚线方框圈出的区域内，神田川沿岸的神田柳原土手路上遍布各类路边店铺（1859 年，《日本桥北内神田两国滨町明细绘图》，东京都立图书馆藏）

理政务的场所。中房是上房的预备间，一般供大名的世子居住，隐居的大名也会住在中房。下房大多位于江户近郊，或为庭院，或供装卸物资。

以在常陆国拥有八万石领地的谱代大名笠间藩牧野家为例。在幕末时期，藩主牧野贞利（即牧野贞直）因镇压水户天狗党有功，自元治元年（1864 年）起任"大阪城代"之职，于大名小路建造了上房。下房一般用于装卸物资或存储货物，笠间藩牧野家正是如此。牧野贞利在距离上房稍远的小名木川沿岸建了下房，储存供宅邸使用的上万根薪柴（牧野家文书《宽政四年松薪江户回御入用留》）。

大川（隅田川）河口附近的滨町一带，水陆交织、景色甚美。大量内设名苑的中房纷纷兴建于此，以活用此景。笠间藩的中房"秋光园"便立地于此，四季繁花盛开，实可谓名苑。"越繁林之隙，可观品川之入海。富士之高峰，忽入眼帘"（《秋光园记》，《东京市史稿》游园篇二）。然而，中房不只是休闲之别墅。时至幕末，中房逐渐产生了新的功能，给幕末维新时期的藩邸规划与土地政策带来了诸多影响。

中房的新功能

与下房单纯的仓库功能不同，19 世纪后，诸藩在江户的专卖政策是催生中房新功能的主要动因。

在江户时期，被称为"回船"的商船队构成了连接全国的物资集散网，江户在集散网中占据了重要地位。到了江户时代后期，江户又逐渐成为关东地区生产和流通活动的中心城市。特别是在 19 世纪的文政年间之后，各藩特产开始获准在江户销售。虽然专卖权并不意味着一定可以获得经济利益，但对于长期处于财政困难状态的各藩来说，特产专卖权具有极大的经济意义。

以播州姬路藩为例。自文久三年（1863年）以来，姬路藩两代藩主酒井忠绩、酒井忠惇历任大老、老中之职，在谱代大名中亦属位高权重之流。文政六年（1823年），姬路藩成为最早获取特产专卖权的藩，可以在江户出售被称为"姬玉""玉川晒"的高品质棉料。到了嘉永二年（1849年），姬路藩棉料在江户的销售量已达到五十九万反（反为布料计量单位），接近在大阪销量（十二万反）的五倍。

姬路藩运往江户的棉料，经小网町一丁目的小岛屋彦兵卫、三丁目的宫岛屋正藏等中间商之手，最后交由江户的大传马町组、白子组两个棉料贩卖组织（问屋[1]）销售（《诸问屋再兴调》二四）。姬路藩的中房位于蛎壳町，与小网町相邻。姬路藩从本土派遣两名"江户积问屋"常驻藩的中房，负责管理卸货、入库、向小岛屋和宫岛屋提供样品等事务。换言之，中房是藩特产专卖体系的主控站。

在江户时代，被称为"十组问屋仲间"[2]的行会制度垄断着

1　负责代销，或者收购后推销给二级批发商的商家，在江户时代最为兴盛。

2　"仲间"（伙伴）为江户时代行会的主要形式，同行业者靠掌握"株"加盟。行会通过内部成员协商实现共同管理，对外则操控流通，决定物价，于明治五年（1872年）被政府勒令废除。

江户、大阪的商品流通，是经济结构的核心环节。就如同本章第四节将介绍的大分府内藩"七岛筵"专卖权一样，藩特产专卖制度在一方面侵蚀着"十组问屋仲间"的垄断体制，一方面又要依赖于"十组问屋仲间"的贩卖网络，因为中间商们只能将货物卖给"十组问屋仲间"的加盟商人。中间商依靠藩的特权而存在，与藩互利共生。在藩特产专卖制度背景下，各藩中房的功能以及与其紧密相连的中间商的特性，仍有待进一步研究。然而不可否认的是，随着时代前进，大川河口到江户湾区间的滨町、蛎壳町、筑地附近的中房职能日趋多样化。

无论是风光明媚的别墅，还是支撑藩财政的装卸场与仓库，在大川河畔的滨町、蛎壳町建造宅邸的只有亲藩和谱代大名，外样[1]雄藩的大名被排斥在外。若只从藩邸位置的角度来看，19世纪以后的滨町、筑地区域和大名小路具有同样特征。

然而，废藩置县（1871年）的下一年，上述地区大多变成官厅用地、萨长土肥的旧大名宅邸、藩阀官僚及其伞下政商的土地。这在熟识江户旧姿者眼中，自是映现出权力的斗转星移。但是在考察这一权力变更之前，有必要先研究幕末维新的巨大变革给江户带来的影响。

---

1 与德川家没有亲缘关系或关系较疏远的大名的统称。

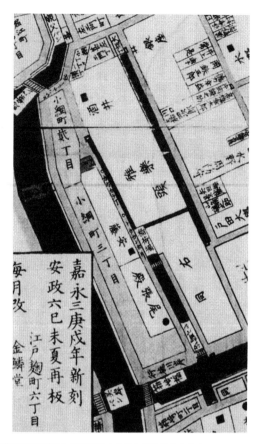

播州姫路藩酒井家在蛎壳町的中房里有常驻的本土商人，他们活用水运之便，在确立姬路棉料专卖体系中发挥了重要作用（1859 年，《日本桥北内神田两国滨町明细绘图》，东京都立图书馆藏）

第三节　江户的占领统治

入户抢劫的萨摩藩邸浪人

庆应三年（1867 年），萨摩藩有计划地在江户引发骚乱，使整个江户城陷入恐慌。十月十四日，江户幕府第十五代将军德川庆喜通过"大政奉还"还权于朝廷，以倒幕为目标的萨摩藩为挑起战端，在江户伺机寻衅滋事。萨摩藩士伊牟田尚平、益满休之助受西乡隆盛密信指示，伙同浪人相乐总三前往江户。三人在江户的萨摩藩邸召集浪人、草莽组成"屯集队"，相乐总三任总裁，曾在多摩郡驹木野关的守关人门下学习国学的落合直亮任副总裁。此段时间，江户街头频繁出现刺杀、入户抢劫等案件。所谓入户抢劫，一般指数十名武士、浪人组成团伙，用大锤砸碎町人家的门窗，手持火枪、铁棒闯入人家，洗劫钱财后逃亡的行为。

通过鱼店老板和泉屋三郎兵卫的日记，可以了解江户和平开城之前市内的状况。三郎兵卫原籍为和泉国日根郡嘉祥寺村（现为大阪府泉南郡田尻町），出生于以贩卖肥料、谷物发迹的大地主家。三郎兵卫前往江户后经营鱼店，同时担任"肴役所"的负责人。肴役所是负责向将军家上贡鲷鱼等名贵食材的机构。明治维新后，三郎兵卫更是平步青云，成为东京工商会副会长、众议院议员。三郎兵卫在日记《庆应丁卯霜月望月日记簿》(以下简称《日记簿》)中，习惯在记录的珍奇怪事前加△标注。其中，庆应三年（1867 年）十一月有如下记录：

> 霜月十六日 　△昨夜，强盗入播磨屋中井新藏家，盗金两千两。传酒井左卫门大人助其讨贼。
>
> 十七日 　△十五日夜，三十余强盗入三田贝津传兵卫、吉田久四郎家，趁夜色行窃。传住户一人当场毙命，未知金钱失否。
>
> 十九日 　△中井家之骚动，失金七千七百□（因虫蛀无法辨识）十两有余，此金乃金座[1]官员织山氏之物也。

此类入户抢劫的记录连日持续，到了十二月，江户屈指可数的豪商、酒店老板鹿岛利右卫门以及御用商人仙波太郎兵卫接连被袭，盗贼与负责市内治安的庄内藩酒井家武士发

1　江户幕府直辖的金币铸造发行所。

生激烈枪击。对江户商人而言，入户抢劫可谓江户建成以来之奇事。

对萨摩藩而言，入户抢劫不仅能扰乱江户治安，而且能筹集倒幕资金。三郎兵卫的日记中记载的十一月十五日货币兑换商中井新藏家被盗一案，有关损失金额史料记载各不相同。萨摩藩屯集队副总裁落合直亮事后曾表示抢了六连发手枪十支、金万余两。《复古记》收录的《萨邸袭击概略》则记载，以浪人身份混入萨摩藩邸的会津藩间谍传递的情报是，萨摩藩在市中抢夺金二十万两，搬入蒸汽船，伺机逃跑。在情报极度错综复杂的情况下，幕府决定于十二月二十五日攻击萨摩藩邸。三郎兵卫虽然在日记中记载"实情不详"，却也留下了如下记录：

二十五日　△实情不详，皆为风传。貌似浪人者枪击芝三田三丁目酒井大人家屯所。酒井大人家伤二三人，故出兵追击。前述浪人逃入七曲之⊕宅邸中。追兵愈甚，萨亦开枪还击，酒井大人家数人强闯⊕宅邸，萨之士或被杀或被俘，最终放火，岛津公宅邸、高轮宅邸皆焚。此火烧及田町三丁目。

岛津公指萨摩藩藩主岛津忠义，七曲之⊕宅邸指家纹为圆圈加十字的萨摩藩在三田的中房。在京都大阪地区，长州藩兵被视为解放军，受到热烈欢迎，民众甚至上街狂舞。但是三郎兵卫在日记中却将佐幕的庄内藩写为酒井大人家，萨摩则记为"萨"一个字。可见在江户，萨摩藩是让人恐惧与警惕的对象。

庆应二年（1866年）五月和九月，江户市内发生两次大规模打砸抢事件，位于大名小路的町奉行所被贴上"政务卖空"的讽刺性标语。贫苦民众如潮水一般涌向町奉行所请愿，最终发展成向官员扔石头的反幕府行为。但是，民众对幕府的对手萨摩长州二藩依然充满警惕。三郎兵卫在二十五日的日记最后写道，"近来风传⊕强盗之行，今日终得以证"，断定一连串的事件皆为萨摩所为。

江户城开城后的形势

庆应四年（1868年）正月三日爆发了伏见鸟羽之战，戊辰战争就此开始。新政府军一路东征，江户最终于四月和平开城。虽然占领了江户，但新政府没能立刻着手进行统治。理由是戊辰战争尚未尘埃落定，幕府"步兵奉行"大鸟圭介统帅的旧幕府逃兵勾结反对新政府的各藩士势力在关东大搞破坏，新政府军忙于攻克其根据地宇都宫。新政府军虽然试图缴获旧幕府军的军舰，但最先进的四艘军舰依然在旧幕府军手中，换言之掌握制海权的依然是旧幕府军。闰四月二十四日，"关东大监察使"三条实美进入江户城后，致信留在京都的岩仓具视，信中写道：

> 概略而言，依余之观察，官军（新政府军）毫无威严，备受旗本之徒之轻侮。旗本之徒，盖无恭顺之意，切齿愤懑之至也。

而在江户城下的町中，自庆应三年秋冬季的入室盗窃骚乱以来，町人的警戒心日盛。西乡隆盛与胜海舟会谈后的第二天，和泉屋三郎兵卫前往浅草观音寺的茶店"稻屋"，发现店门前停着两台轿子。三郎兵卫询问店主原委，原来是乘轿参拜观音的武士拒绝付钱。抬轿人本着惹不起躲得起的原则，决定不去计较。茶店主人亦问缘故，抬轿人低声言道："是萨摩的人。"

江户开城后，旗本武士自发上街维持治安，但实际状况却是"诸藩武士及浪人自称维持治安，前来家中索要钱财，连日不息。青天白日之下，勒索二三十乃至五六十两，言不尽理则拔刀相向"（《府内藩记录》）。可见新政府军占领江户后，城下町中的人们在战战兢兢地观察局势动向。

然而到了五月十五日，大村益次郎指挥的新政府军仅一天就消灭了盘踞在上野宽永寺的彰义队，状况为之一变。这一胜利震慑了所有江户人，新政府的形象出现改观。五月十九日，新政府设立了"江户镇台"，幕府时代的"三奉行所"改称为"三裁判所"，江户的新行政体制终于开始运行。三条实美写给岩仓具视的信中言及，"今日当地之形势，业已大体安定"（《岩仓具视关系文书》），如履薄冰的阶段已然度过，二条实美的信中也按捺不住喜悦之情。

七月十七日，天皇下诏，将江户改称"东京"，设置"镇将府"取代江户镇台之职，统管东日本。九月二日，乌丸光德出任第一任府知事，东京府厅被定在前郡山藩柳泽氏的宅邸，东京府的行政工作正式开始。

"东京大人"请赐酒

庆应四年（1868 年）九月八日，年号改为明治。东京府设立后的第一个大任务就是承接天皇的巡幸，主要责任人是佐贺藩出身的大木乔任。大木乔任是九月十九日成立的新机构"议事体裁取调御用"的成员，与木户孝允一同筹办巡幸事宜。

天皇到达东京之时，江户城改称"东京城"。令居民惊讶万分的是天皇巡幸过程中举办的"恭领天杯"活动。十一月四日，为了祝贺天皇巡幸，新政府向居民派发了约三千桶

新政府为抚慰江户庶民费尽心思。天皇到达东京之际，向全体居民派发祝贺之酒
（三代歌川广重《恭领御酒》，1868 年，国立历史民俗博物馆藏）

酒，以及鱿鱼干、酒盅、酒瓶等。传言枝松本町居民每人都
得到了一升酒。《大木乔任关系文书》中有一份来自南八丁
堀五丁目"家主仪兵卫七十二岁老人"的来信。

> 此番东京大人赐酒，深感洪恩。洪恩之上，荣幸
> 之至，众人皆欣喜欲狂，竟持菊花、白菊，或德川之
> 葵花，此皆酒狂之举，万望大人海涵（《大木乔任关系
> 文书》）。

眼见局势好转，负责东京府政务的大木乔任感到闯过了
第一关。镇将府至此完成了由战时转向和平时期的过渡性职
能，就此宣布解散。

观赏东京城吹上苑

巡幸成功后，天皇暂时还驾京都。但对于新政府而言，要实现全国的安定统治就必须让天皇再次巡幸东京，并在事实上迁都东京。明治二年（1869年）三月，新政府开始计划天皇第二次巡幸。这次巡幸政治意义重大，绝不允许失败，然而新政府对东京的"人心"尚不放心。为了进一步笼络人心，东京府干部决定于同年二月二十三日至二十五日，开放东京城吹上苑供居民观赏。

当然，东京府不可能"邀请"居民前往吹上苑，而是以吹上苑须打扫为名，限时三天对外开放。全面开放吹上苑，在苑中举办赏花会，自然是盛况空前，这成为自江户建立直至今日都绝无仅有之事。

在江户时代，除了有特殊要事被传唤之外，町人不可能进入江户城内。町人们在露天茶屋最多能眺望到西之丸御殿，而吹上苑位于更深之处，甚至在区划图中都未标出。天皇再次巡幸前夕，江户居民却可以从早到晚自由观赏吹上苑之美景。阴历二月下旬赏花虽然有些晚，但阳春之情渐浓，新政府对巡幸成功的期待之切，依稀可见。

吹上苑参观结束后，天皇于三月二十八日抵达东京城。此后，天皇再未返回京都，实现了事实上的迁都。

时任大总督府军监的佐贺藩士江藤新平进驻东京。江藤新平于明治元年（1868年）担任会计官判事兼东京府判事起至次年五月归藩期间，一直与大木乔任共同负责东京府行政事务。就天皇第二次巡幸的经过与展望，江藤陈述如下：

自前冬以来，余等苦虑之事，皆为安抚府内人心。行事皆不可悖人心，亦须宣扬吾主重仁之意（《江藤新平关系文书》）。

"恭领天杯"与"拜观吹上苑"皆为其苦心之成果。巨大都市东京正在一步步从战时状态转为和平状态，然而如何对其进行有效统治，新政府仍然没有明确方针。

第四节　荒废的武家用地

人口剧减

江户改称东京，成为事实上的首都。然而此时，东京最明显的变化却是人口剧减和城市规模萎缩。

幕末时期，江户人口超过一百万，其中约有一半是武士，包括三万名旗本御家人、因参勤交替而滞留江户的诸藩大名、驻留江户的各藩藩士及上述人士的家眷。明治维新后，旗本御家人的近半数（13764人）携家眷、仆佣追随沦为一介普通大名的德川家移居静冈。约450人选择归农，5182人归顺新政府留住东京（明治二年四月数据，引自《身份留》）。

近半数的幕府遗臣选择离去，大名与藩士也由于参勤交替义务的消失纷纷踏上归途，因而江户的武士人口剧减，总人口降至六七十万人，较之前减少百分之四十。今日东京都的人口超过一千三百万，如果不到一年就跌至八百万以下的话，都市机能无疑会出现显著变化。新政府面对的正是这一事态。

原本在武士宅邸工作的百姓、町人瞬间失业，依靠与武士做生意为生的商人受到沉重打击。面对人口剧减和经济的极端不景气，新政府的政策是缩小城市规模，将穷人赶出东京。

明治元年（1868年）年末次年年初之际，东京府知事大木乔任上呈意见书言道：

> 当下本府穷困之原委，尽在人多业寡，游手好闲之士徒增。故第一须使民深谙若无业则一日亦不得活之理，第二须减府中人员，第三须授残留之民以业。故宜兴建茶园，收获之时，自可期茶货之商（《大木乔任关系文书》）。

换言之，东京府首先要让游手好闲的江户町人明白，不劳动者不得食之理。在此基础上削减东京府的人口，动员无业贫民种植桑茶。当时，生丝与茶叶是主要出口品，东京府鼓励桑茶种植的主要目的在于增加出口。

东京府的这一政策延续了宽政改革、天保改革的削减人口思路，甚至更倒退一步，想要将都市归农。当时众多政治家都支持这一缩小东京规模的政策。比如，岩仓具视以户籍编制工作推行不顺利为理由，在《国体昭明政体确立意见书》（明治三年）中写道，"现今应准人离（东京）而禁人乱"（《岩仓具视关系文书》)，明确主张削减人口。

明治三年（1870年）闰十月东京府人口表

	身份等级	人口数	户　数
一般市民	平民	592758	134267
	东京府职员	116	25
	东京府低级工作人员	19	
	神社人员	1478	
	神社低级工作人员	494	
	僧人	5165	
	寺院低级工作人员	2743	
	尼姑	25	
华族、士族、卒族[1]	拥有土地的士族	20530	3378
	拥有土地的士族的家仆	17822	6072
	与拥有土地的士族同住者	8	
	卒族	26724	6072
	卒族的家仆	769	
	与卒族同住者	36	
	藩厅、藩知事宅邸	288	
	无官的华族宅邸	50	
被歧视等级	秽多	1143	260
	非人	2891	450
合　计		673059	

注：参考1871年《杂留》（东京都公文书馆藏）数据制作。

江户藩邸的困境

诸大名与藩士的境况又如何呢？从江户府内藩藩邸发往府内藩本土的书简（《府内藩记录》丙三十九，下同）可一窥端倪。府内藩最后一任藩主松平近说在大政奉还之前的庆

1　卒族是明治初年政府授予低级武士的身份，后除少部分转为士族外，均变为平民。

应三年（1867年）七月晋升为"若年寄"，在伏见鸟羽战败后与德川庆喜一同乘"开阳丸"撤退。此后，上野宽永寺的贯主[1]轮王寺宫公现法亲王（即北白川宫能久亲王）替德川庆喜向新政府求情时，松平近说也受命陪同前往。三月十二日，新政府军是否会总攻江户城成为焦点之时，松平近说表示向新政府投降。

府内藩位于丰后国（大分县），是一个两万一千石的谱代小藩。在幕末时期，府内藩依靠特产"七岛席"（又叫青席）在江户的专卖权维持藩邸财政平衡。七岛席是用于制作榻榻米的材料，品质比"备后表""近江表"[2]更低，因而一般用于下级武士家庭。庆应三年（1867年）十月到年末，江户府内藩藩邸所花费的四千二百五十六两二分二朱钱，均靠贩卖七岛席所得。然而，自戊辰战争爆发起，府内藩本土就停止供应七岛席，因而府内藩在江户的宅邸不断写信催促本土恢复供应。

> 余等深知大阪之难，米金为第一要义，余等亦痛心疾首。（中略）如今，虽言局势尚不明，仍万望尽力斡旋，速速送出（七岛席）。

1　对诸大寺住持之尊称。

2　榻榻米是用垫子（叠表）来包覆的，这两种都是非常粗糙的材料。

对于江户宅邸急切的请求，府内藩本土却没有回应。江户宅邸深知府内藩已处生死存亡之秋，藩主松平近说陪同轮王寺宫公现法亲王一事又绝不容许有差错，因而求助于贩卖七岛席的江户商人福岛屋弥兵卫。"尽心竭力，终借得两千两，于吾主出发之时供奉于前"。自松平近说就任若年寄以来的半年间，该藩邸已累计向福岛屋借钱超过五千两。

难以归乡的藩士们

此时的江户出现了返乡高潮。府内藩开始准备清理江户宅邸，打包返乡。但返乡也绝非易事。庆应四年（1868年）三月二十九日，府内藩本土通知江户藩邸，筹措人马轿子从陆路返乡成本极高，须乘蒸汽船返乡。但是，听邻藩熊本藩的人说，包租蒸汽船从江户前往大分的佐关要七千两，到肥后地区则要九千两。于是江户宅邸回复道："较之雇蒸汽船，陆路之消费少且便利。搭乘货运商船虽最为经济便利，然此前从未乘商船，且驶自大阪之商船亦有惊惧者，故取陆路归国。"可见，归乡方法迟迟难定，是以归乡时期屡屡延迟。

此外，清算欠款也是迟迟难以出发的原因。五月，在京都蛰居的藩主松平近说获准归乡，但却没能安心多久，因为府内藩本土派送的钱款极少，江户藩邸不得不请求本土"欠款不还则难以返乡，万望速速助以钱款，心痛万分，务望体察"。

府内藩的江户宅邸与本土的交流中虽言"心痛万分"，但藩士却畏惧货运商船而迟迟不行动，不得不让人怀疑情况并非如此紧迫。府内藩江户宅邸得以熬过明治维新的动荡年代，全靠贩卖七岛席的福岛屋弥兵卫慷慨借款。福岛屋弥兵卫家住江户深川大上岛，与大分日田的豪商广濑久兵卫联手，将运送到江户的七岛席转卖给府内藩御用商人，"江户十组榻榻米面料问屋"堀留组。由于有藩特产七岛席做担保，虽然略有担心，只要江户专卖体制存在，福岛屋仍敢于借钱给府内藩。最终，府内藩江户宅邸决定，除留守江户的数人外，其他藩士于八月四日左右归乡。

由于各藩武士于同一时间节点撤出，江户的武家用地迅速衰退荒废。比如，染井（巢鸭附近）地区聚集了大量武家下房，经营树木的店铺也很多。有大名欲将宅邸庭院的树木搬到此处变卖，但兵荒马乱之际，没有人会收购非刚需的观赏性树木。已然人去屋空的武士下房也成了急需变卖的对象，但均价为每坪（3.3 平方米）二朱金或十匁银 [1]，还不够瓦钱。有传言，公共浴场的经营者发现买下空房，然后拆下木材当燃料比买柴火更便宜。武士的离去导致江户的消费人口减少了一半，靠满足武士需求为生的商业自然也奄奄一息。

1　二朱金为江户时代发行的金币，匁为江户时代银的通用计量单位，一匁为 3.75 克。

第五节　新房主们

公家登场

虽然江户的武士人口剧减，但江户城被定为天皇皇居，因而各种整修逐步进行，政府的各部门也落座江户城内，江户城自此被称为"皇城"。由于武士人口剧减与武家用地荒废化依然持续，皇城周围的用地自然也会发生变化，其中大名小路、滨町、蛎壳町地区的变化尤为明显。

图为明治三年（1870 年）五月出版的须原屋茂兵卫版《当怀宝东京绘图》中大手御门前和大名小路地区的地图。与庆应元年的《御曲轮内大名小路绘图》进行比较可以发现，幕府官僚的宅邸被公家[1]、皇族这些新政府官僚的宅邸取代。

主导"讨幕密诏""王政复古"等维新政变的核心人物、尊皇攘夷派公家中山忠能（神祇伯）、岩仓具视（大纳言），以及正亲町三条实爱（别名嵯峨实爱，刑部卿）、德大寺实则（大纳言）、西园寺公望、有栖川宫炽仁亲王（兵部卿）

1　任职于朝廷的贵族、高级官员的统称，在武士掌权的幕府时代没有实权。

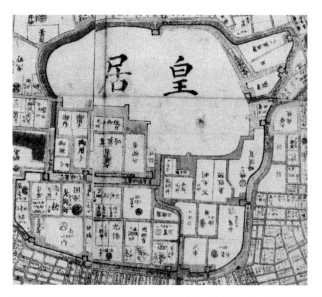

明治三年的大名小路，过去幕府官僚的宅邸变成了公家、皇族宅邸以及政府机构（须原屋茂兵卫版《当怀宝东京绘图》，1870年，部分，西尾市岩濑文库藏）

等人在大名小路经营起了自己的宅邸。这些公家入住的宅邸在庆应年代均为担任若年寄等幕府要职的谱代藩主所有。到了明治二年至三年（1869—1870年）间，除了这些手握重权的公家之外，跻身新政府中枢部门的中下级公家也住进了番町、骏河台等过去旗本武士拥有的住宅。

依据家族地位、负责政务级别、面圣时的礼仪排位，公家们或着狩衣乘轿，或着直垂骑马[1]，抑或徒步通勤，前往位

1　狩衣、直垂皆为公家贵族穿着的服装样式，代表公家的不同身份等级。

于西之丸下的各工作单位。在不久之前，身着袴与羽织的武士还昂首阔步地走在江户街头。在町人眼中，这种服装的变化才是政权变革的最真实体现。

大名小路的变化

再度仔细观察《当怀宝东京绘图》可以发现，在幕末时期，萨长上肥等藩虽然活跃在政局中心，但除土佐藩外，各藩均未在大名小路获得一席之地。然而维新之后，境况为之一变。庄内藩在幕末曾负责维护江户治安，纠察入户抢劫的萨摩藩士。在戊辰战争中，庄内藩是奥羽越列藩同盟的中心，战败后庄内藩险些灭亡，其拥有的大手御门前宅邸成为萨摩藩的囊中之物。江户庶民耳熟能详的南奉行所变成了萨摩藩兵驻屯地。而长州藩则获得了姬路藩酒井忠绩、酒井忠惇在大手御门前（神田桥御门内）的上房。酒井忠绩、酒井忠惇自文久三年（1863年）以来，历任大老、老中、幕府阁僚等要职。萨摩与长州得以在大名小路内拥有宅邸是江户时代二百六十年间未有之事。

佐贺藩不仅依旧保有日比谷御门外的上房，还获得了位于西之丸下的幕府步兵屯所，将之改为佐贺藩兵驻屯地。土佐藩在位于大名小路的原有上房基础上，兼并了与其相邻的德岛藩宅邸，宅邸面积大幅扩张，此外又得到了谱代大名古河藩土井家的上房，作为藩兵驻屯地。过去老中、若年寄等谱代大名的宅邸与"朝敌"会津藩的宅邸，分别成为大藏省、兵部省、土木司等机构的办公场所。

在江户时代，大名小路一直被亲藩、谱代藩、与幕府关系亲密的强藩占据，是支撑幕府政治、军事活动的核心区域。然而明治维新之后，大名小路却成为公家新兴政治势力与以萨长土肥为轴心的外样大名的据点。易主后的宅邸没有翻建，因而房屋外观并未改变，但旗帜、家纹，甚至屋内人说的方言都迥异于前。

将注意力转向《当怀宝东京绘图》中的滨町、蛎壳町、大川端，可以发现，姬路藩不仅丢掉了大手御门前的上房，连作为木棉专卖据点的蛎壳町中房也转入越前福井藩（松平茂昭）之手。灵岸岛的田安家宅邸被土佐藩占据。明治维新的胜者与败者，就这样深深地刻在了地图上。无论多么怀旧的东京人，都无疑会感受到新时代的来临。

虽说如此，但在明治三年（1870 年），包括谱代藩在内的众多藩依然保有江户时代以来的宅邸。从空间的利用来看，萨摩长州等藩的用地面积与其他藩相差并不多，并非处于垄断地位。为天皇与朝廷再度掌权而殚精竭虑的鸟取藩，虽主张"崇敬幕府、尊皇攘夷"、但在戊辰战争中却为新政府卖命的冈山藩，德川家达的监护人松平齐民（号"确堂"）

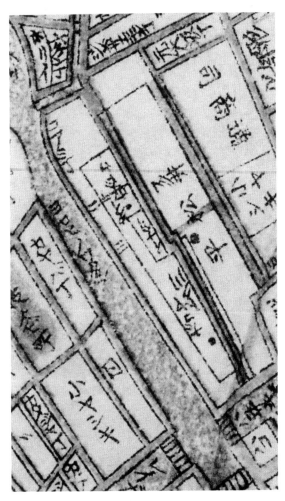

姬路藩中房变成越前福井藩藩主松平茂昭（维新功臣松平春岳之养子，继任为第十七任藩主）的宅邸（须原屋茂兵卫版《当怀宝东京绘图》，1870年，部分，西尾市岩濑文库藏）

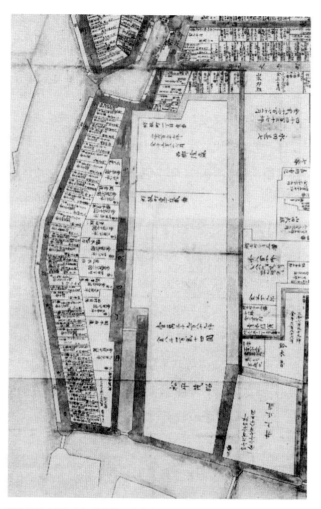

明治四年（1871 年）进京的西乡隆盛获得了松平茂昭宅邸的一部分。在改正地租过程中绘制的第一大区十四区《沽券地图》，记载了所有权人、面积、地价（1873年，东京都公文书馆藏）

所在的津山藩等，均在大名小路中保有自己的宅邸。从滨町到蛎壳町的武士用地也有很多仍属原主。幕末维新时期的藩邸利用状态仍有待今后继续深入研究，但可以断言的是，从滨町到蛎壳町一带的土地利用价值高于其余地段，因此虽然各藩的宅邸都趋于荒废，但这一地区的土地却被优先保存与利用，到了明治时代，这一地区依然受到关注。

到了明治四年（1871年）废藩置县后，这一地区的状况发生了进一步变化。大名小路被政府机构占据了半壁江山，萨长土肥之士则进一步掌控了从滨町、蛎壳町到筑地附近的地区。从这一地区的空间配置可以发现，新政府原先具有的"各藩联合政权"特征逐渐消退，随着近代国家的各项制度不断确立，藩阀势力也迅速发展。

在废藩置县后，本章第一节提到的露天茶屋也销声匿迹。公事宿、露天茶屋等基于实际需求诞生的民间组织无法在行政、法庭等国家机构间找到立足之地。町人自发结成的共同体"町中"也因"户籍区""大区小区"等新地方制度的引入而失去了"自我管理"的特性。在新政府的推动下，公与私的关系发生着迥异于江户时代的变化。

"东京十二景 内樱田"的变化

在明治天皇第一次巡幸江户之后，出版了大量描写巡幸情景的锦绘，明治元年（1868年）十一月出版的《东京十二景》是极具代表性的画作集。《东京十二景》包含十二幅锦绘，其中一幅是歌川国辉创作的《内樱田》，描绘了天皇的队伍走过内樱田门前广场的情景。而在不久之前，内樱田门前广场还因参勤交替的大名队伍而人满为患。在天皇队伍的右侧，还残留着尚未被拆除的露天茶屋的黑顶棚。此时此刻，再无《江湖登城风景图屏风》所描绘的熙熙攘攘之景。

明治元年（1868年）以后，东京的居民们在日常生活中的方方面面感受到了权力交替，大名小路、大川端的变化不过是一个缩影。然而在明治元年这一时间节点，人们还没有亲身体验新政府管理政务的方式。《东京十二景·内樱田》传神地展现出当时的人们对新权力的出现依然感到陌生。

人们很少同时论及迁都与天皇第二次巡幸。虽然打败了幕府，但局势尚不稳定，新政府一方面要顾及戊辰战争，一方面要安抚江户人心，似乎无暇静心推敲迁都之事。三条实美断言："倘保东京不失，纵失京畿，亦无忧失天下。"（《三条实美公年谱》）三条的想法是，欲尽早收拢江户人心，就必须借助天皇的权威。为了借助天皇权威，就必须把天皇从京都的宫中拉出来。因而，新政府为实现天皇巡幸不惜花费财政预算的四分之一，终于让江户民众一睹天皇尊容。这一

行进在大名小路的天皇队伍，内樱田门过去熙熙攘攘的气氛荡然无存（歌川国辉《东京十二景·内樱田》，1868 年，国立历史民俗博物馆收藏）

瞬间，天皇在江户庶民眼中的形象，开始从萨摩、长州大叔手牵的"幼儿小金"转变为读书骑马、亲理万机的"能动性君主"。

第二章

东京的幕府遗臣们

第一节 新政府的苦恼

难以恢复的社会治安

明治二年（1869 年）三月天皇二度巡幸江户，完成了事实上的迁都。同年五月下旬，新政府获得了箱馆战争的胜利，戊辰战争就此终结。六月，封土（版）和领民（籍）被归还给天皇，各大名成为"知藩事"，史称"版籍奉还"。至此，所有的藩都成为与政府直辖县（前幕府直属领地）、东京、京都、大阪三府同等级的地方行政机构，"府藩县三治"制度正式开始。东京是新政府的政治中枢，其重要地位远非其他府藩县可比，因而东京的有效统治显得格外重要。

即使是在新政府成立之后，针对政府要员与外国人的恐怖袭击依然在京都、东京频发，因而恢复并维持治安是新政府迫在眉睫的课题。新政府的解决方案是按照身份等级，制定严格的户籍制度，通过完全掌握土地与居民的信息来筛查危险分子。在当时，这一政策被称为"户籍改正"，针对这一政策，新政府内部存在反对意见，认为萨长土肥依靠武力强化管理，可以更快恢复治安。两派意见发生了尖锐的冲突。

脱离原籍的浪人

东京治安恶化的主要原因在于脱藩藩士、幕府遗臣、草莽志士等脱离原籍的人员横行霸道。所谓脱离原籍是指未经许可私自脱藩，或逃离村、町的无户籍人士。从庆应四年（1868 年）八月至第二年三月天皇第二次巡幸期间，政府各机关与东京府共发布了二十五条法令与指示，严格管理脱离原籍的流浪人士。

法令严查的对象是"有志之士""脱藩之人"，这些人中的一部分是幕府遗臣中的反政府势力。明治二年（1869 年）二月，原庄内藩新征组队员大津彦松等一百五十人自首，被收押于东京府户籍改正所（后称户籍改所、户籍调所，位于前南部藩宅邸）。新征组是由浪人组成的警卫队，曾在庄内藩指挥下纠察萨摩藩的入户抢劫、寻衅滋事等行为。

然而，以新征组为代表的佐幕派浪人为数并不多。在戊辰战争中站在新政府一边的草莽、下级武士和脱藩浪人是主要的管理对象。最具代表性的是相乐总三率领的赤报队。相乐总三出生于江户赤坂，在戊辰战争爆发前，曾在三田的萨摩藩宅邸组织浪人成立屯集队，与新征组进行了激烈的斗争。戊辰战争开战后，相乐总三的赤报队成为官军的急先锋，获准提前宣传实施"年贡减半"政策。然而新政府后来食言，中止了该政策，赤报队成了"假官军"，纷纷被处决。这些草莽志士以曾为推翻幕府做出贡献而自负，对夺取政权后却主张"开国和亲"的新政府抱有强烈反感。而新政府则把这些让幕末江户陷入恐怖深渊的浪人，连同纠察浪人的新征组一齐铲除。

此外，新政府军组织的亲兵也是棘手问题。戊辰战争之后，新政府以伏见为大本营组织了五个大队的亲兵。驻扎东京的第三大队和第四大队成员中，有众多草莽出身的浪人。建立了近代军事制度的大村益次郎对亲兵的评价是"（亲兵）中有十津川兵、二条城兵、东征后征召之步兵、浪人，此兵制之害，与诸藩割据无异"（《朝廷之兵制永敏愚按》）。

明治二年（1869 年）八月，被收监的会津藩投降者越狱而逃，九月大村益次郎在京都被刺杀。此后，大学南校[1]聘用的两名英国人遇袭（明治三年十一月，东京神田锅町）、云井龙雄事件（明治三年十二月，东京芝二本榎）、参议广泽真臣暗杀事件（明治四年一月，东京麴町）接踵而至，脱籍浪人发起的恐怖袭击此起彼伏。到了西南战争结束、自由

---

[1] 明治初期政府管辖的西学学校，几经更名。

民权运动兴起之时，浪人问题才真正得到解决。

东京的户籍编纂

明治初年，新政府发布的"改正户籍"政策，其实质就是编纂新的户籍体系。在今天，户籍是通过法律形式确定国籍、亲属关系等人身信息的制度。然而在当时，户籍则是通过严格掌控居民身份及居住地，借此筛查脱籍浪人的行政手段，维持治安是其首要目的。

东京的户籍编纂工作推进得十分艰难。明治元年（1868年）十月二十八日，新政府以《京都府告谕》的形式颁布了由市中户籍法、士籍法、卒籍法、社寺籍法构成的京都府户籍法。此后，新政府命令全国都以京都府户籍法为范本，开始户籍编纂工作。虽然东京是最需要保证治安稳定的地区，但其户籍编纂工作却迟迟难以展开。难以有效掌控脱籍浪人和草莽志士的身份信息并令其返回原籍自然是原因之一，但最大的原因是东京的武家人口流动性极强，照搬京都模式完全不起作用。

京都府的户籍法将居民分为士族、卒族、僧侣、町人四类，分别编纂户籍。町人的户籍由町官负责，在江户时代町官就负责人口情况调查，因此此次户籍编纂可谓轻车熟路。僧侣、神官的户籍编纂由寺社组织负责人进行，士族、卒族

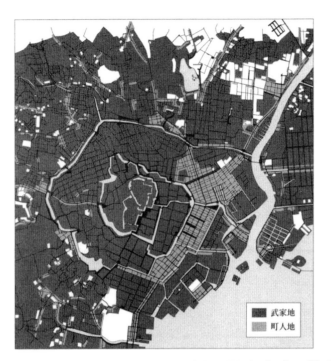

江户的武家用地、町人用地。武家用地占江户总面积约七成，本图为17世纪后半期的状况，此后除江户湾沿岸填海造地外，空间利用上无大变化。白色区块为寺社用地。参考高桥康夫、吉田伸之、宫本雅明、伊藤毅编《图集日本都市史》（东京大学出版会）制作

的户籍则由各自所属的组长负责。新政府希望以此为范式，让旧有社会集团的负责人管理各自阶层的户籍编纂工作。

东京府接到新政府命令后，也试图建立与京都府同样的户籍制度。针对町人，为了确保身份等级与居住地两项信息没有错误，东京府先按地域进行排查，鉴别常住人口和暂住人口，然后按身份等级进行细分，调查极为彻底，因而町人

的户籍编纂取得了一定成效。然而，对武家用地则不可能采用同样的调查方式，因为占东京总面积约七成的武家用地上已经开始了高度频繁的人口流动。脱籍浪人潜伏其中，一般居民却舍弃土地远走高飞。在这种情况下，东京府完全无法着手编纂户籍。

第二节　身份等级制重组之矛盾

身份等级制与新政府

明治维新后，新政府是如何对待身份等级制度的呢？福泽谕吉言，"门阀制度实为不共戴天之敌"，痛斥等级制度。主导了明治维新的下级武士们以打破武家等级秩序为目标，因此很多人认为新政府在维新之初就以废除等级制度、实现四民平等为目标。学界也着重于研究持万民平等思想的开明派官僚，认为他们以打破身份等级制为理想。贱民等受歧视等级的废除，也被归功于推行近代化政策的开明派官僚。这些观点的立足点都是：身份等级可以通过政治手段制定或废除。

何为近世的身份等级

20 世纪 80 年代以来，近世社会史研究不断深入，有关近世身份等级制度的研究也有了长足进步，出现了不同于既往的新观点。本书以此新观点为基础回顾明治维新，因而在此对新观点进行简要说明。

针对身份等级的新观点认为，拥有同一社会职能的人群构成集团，承担公权力赋予的某种公共职能，进而被全社会所承认，这就构成了身份等级。新观点注重研究集团的每一个成员，倾向使用"身份集团"一词。

按照这一观点，村中百姓组成集团，共同兴修水利、管理公共用地、从事农业，同时村又承担年贡的征收，自此形成百姓（农民）这一身份等级。同理，从事皮革制造的集团（被称为皮多），垄断皮革生产设施，同时又负责上贡皮革和执行各种刑罚，因此形成了皮多（又称秽多）这一身份等级。总而言之，从事不同职业的集团在维持自己生存与生活的前提下，承担某种公共职能，而这一职能逐渐形成特殊权利并为社会所承认，这就构成了身份等级。而幕府和藩也承认这些身份等级集团的自治能力，依靠身份集团进行统治，形成所谓"身份等级统治"。

江户时代的社会就是建立在多种身份等级并存的基础之上，统治者赋予身份集团公共职能与特殊权利，依靠这些自律性的集团进行统治。除了士、农、工、商、贱民这些基础性身份集团外，还有演艺人士、宗教成员等更加细分的身份集团。这些集团的状况不断发生变化，身份等级也随之形成、变化。以上便是近年来提出的对身份等级制的新观点。江户时代的身份等级制并不像过去理解的那样，是通过政治手段强加在人们身上的标签。

身份等级制的解体

上述近世身份等级制研究的新观点，对明治维新意义的深入研究有极大裨益。共有三个视角供我们重新认识明治维新。第一个是社会史视角，由于身份等级制的基础是身份集团，所以可以研究这些身份集团如何产生，经历了明治维新后，其成员与职能发生了何种变化。身份等级究竟是在束缚人，还是在维持人正常生活。否定身份等级，从原有身份中脱离的行为不仅意味着脱离的本人失去职能，而且意味着职能体系的动摇，无疑是极为困难的事情。研究人们克服这一困难的方式，本身就是对明治维新性质的阐释。就这一问题，本章将从留守东京的幕府遗臣入手进行分析。

第二个是政治史视角，研究明治维新如何改变了近世的身份等级统治秩序，通过何种过程构建了不依靠身份集团的统治机构。对新政府而言，废除身份等级统治，将武士、町人不加区别地列为统治对象绝非易事。最初，新政府采取的方法是重组身份等级制，而这一方法又带来了何种结果，这是本章的关注点之一。

第三个是空间视角。江户时代的城下町虽然汇集了不同身份集团，却在空间上进行了严格划分。武家用地是拜将军所赐之空间，能够住在此地的只有受封土地的武士阶层，土地不得买卖转让。而町人用地则是町人阶层占有的空间，按照家业大小分别承担国役、公役等种种赋税，町人之间可以进行买卖。本章将与政治史观点相结合，考察新政府如何处理这种空间占有特性的差异。

身份等级制的重组

从政治史角度而言，新政府成立至明治四年（1871年）的变化过程对身份等级统治秩序的瓦解起到了关键作用。因为我们已经知道新政府终结了江户时代的身份统治制度，所以脑中自然浮现出引领时代的明治元勋们在明确的理念指引下，努力开辟新时代的场景。但实际上，新政府在成立之初，应该并没有计划终结身份等级制，更没有试图改变基于身份等级制度的统治秩序。新政府最初计划实行的，是将近世错综复杂的身份等级进行整理与简化，重组身份等级制。

具体而言，重组身份等级制包括以下几点：①将大名、公家、武士整编为"华士卒籍"。②商人、手工业者与其他人数较少的相关行业者整合为"市（农商）籍"。③在东京，将弹左卫门麾下的秽多、非人整合为"贱民籍"。新政府的计划是通过重组后的身份集团进行统治。上一节论述的户籍编纂工作也必须由这些身份集团推进。因此，在明治四年（1871年）的废藩置县之前，新政府的行政管理依然以身份集团的存在为前提。

然而，明治维新后的东京人口流动过于频繁，使用上述方法根本无法全面有效地整理户籍。新政府的预期与社会现实存在极大矛盾，而这一矛盾发展的最终结果是新政府不得不跳出原有思路，彻底废除身份统治秩序。

明治二年的兵制论争

明治维新前后，东京、京都及各通商口岸成为脱籍浪人恐怖活动的高发地。庆应四年（1868 年）六月，东京的治安交由前旗本武士大久保与七郎及其家臣负责。大久保等人自称"市中纠察队"，他们不但没有稳定治安，还四处游荡、勒索钱财，反使治安进一步恶化。

同年七月东京府成立，东京的警备组织才终于开始成形。当时，军务官（第二年七月以后则为兵部省）将各藩的藩兵整编成市中纠察军，亲自进行指挥。明治二年（1869 年）后，东京府接管了市中纠察军，构成了府兵制。东京府的构想是先通过编纂户籍筛查脱籍浪人，再由府兵管控武家用地与町人用地，以实现全东京的治安稳定。

然而，这一构想涉及兵制，而新政府内部正因兵制构想而发生激烈对峙，所以东京府的构想迟迟难以实现。明治二年（1869 年）的兵制论争是新政府围绕军队建设构想产生的冲突之一，政府内部存在分歧，东京府自然不可能置身事外。针对东京治安的维护方式与国家兵制构想，政府内部分成两大派别。大村益次郎与木户孝允主张全民皆兵，组建直属于政府的军队。大久保利通则主张以萨摩、长州、土佐三藩的兵力为核心组建政府军。

兵制论争之所以重要，是因为其结果不仅将决定未来日本的军队构成，还将直接影响维持东京治安的警察的选拔方式，这一迫在眉睫的难题同样取决于此。大久保利通认为应当由萨、长、土的藩兵维护东京治安，大村益次郎则反对过度依赖萨长土藩兵，他主张在实现全民皆兵之前，应当由所有藩派兵保卫东京。

大村益次郎的构想与大木乔任等提出的东京府府兵制构想吻合。东京府的构想是，跳出原有的町人五十区及武家用地管理体系，新设府兵区，将管辖区域分为六大区、四十七小区，依照市籍法，以府兵区为单位编纂士族户籍。在此基础上，将府内士族与各藩藩兵编入府兵，负责维持东京一带的治安。可见，在大木乔任等东京府首脑看来，府兵制与户籍编纂是不可分割的整体。

奇兵队叛乱

政府内两派人士长期争论不休，各地却事件频发。先是大村益次郎在京都遇刺，身负重伤。两个月后，大村益次郎不治身亡。大久保利通派因此获得优势，论争似乎以大久保的胜利而告终。然而就在此时，山口县爆发了奇兵队叛乱。

奇兵队是长州藩的高杉晋作创建于幕府末期的混合部队，武士阶层以外的人也可以自由参加。戊辰战争结束后，奇兵队实行精兵政策，一部分队员被要求退伍返乡。奇兵队队员身经百战，自认为对攘夷和倒幕做过巨大贡献。被命返乡的队员极度不满，认为自己被政府抛弃。因而奇兵队的叛乱可以说是不满情绪的最终爆发。奇兵队叛乱与长门国美祢郡等地的农民起义遥相呼应，最后发展成威胁藩厅统治的重大事件。木户孝允亲自指挥，镇压了奇兵队叛乱。因为此次叛乱，长州藩兵无法前往东京，大久保利通的构想就此破灭。

在兵制论争迟迟未决的状况下，东京府于明治二年（1869年）十二月十七日决定贯彻府兵制与东京府内市籍法相结合的路线，整治东京治安。正是目睹了新政府面临的混乱局面，东京府才决定贯彻原有方针，但东京府的计划同样无果而终。除了脱籍浪人兴风作浪之外，维新后不少幕府遗臣滞留东京，在困境中求生。他们最终使东京府的户籍政策陷入混乱。

第三节　幕府遗臣本多元治的明治维新

幕府遗臣的穷困状态

明治二年（1869 年）正月十二日，东京府有关部门接到报告称，小日向马场边出现饿死者，东京府立刻派人前去调查。据调查，饿死者是幕府遗臣、前奥诘枪队队员吉田胜太郎的"中间"，吉田胜太郎本人行踪不明。所谓"中间"是指被武士雇用的百姓或町人，雇用期一般为半年到一年。饿死的"中间"年约五十，除一条包腰带外全身赤裸，死在了吉田胜太郎家中。被留在家中的吉田胜太郎父母穷困万分，甚至买不起装尸体的桶，只得将尸体不加处理地置于屋中。虽说时值隆冬，但尸体已腐烂得只剩白骨，人头则掉进了污水中（《明治元年顺立帐》十）。

"明治四年前的村落仍然是近世的村落"，这逐渐成为地方史研究界的共识。即便政治体制发生变化，近世村落的生活方式不会立刻随之变化。然而东京则截然不同，幕府倒台后，幕府臣僚及其家人的生活受到了严重冲击。由于失去了俸禄，儿子去讨饭、妻女沦为娼妓的情况并不少见。研究东京的幕府遗臣们在失去武士身份后产生了何种变化，对社会史视角下的身份等级统治研究极为重要。本节选取幕府遗臣本多元治为例，通过追溯他在维新后的经历，探索武士阶层的变化。

"朝臣化"的幕府遗臣本多元治

庆应四年（1868 年）五月后，众多幕府时代的上层旗本武士归顺新政府。以此为契机，至第二年夏天，共约五千名幕府遗臣归降新政府。由于一次性接受了如此多的幕府遗臣作为"朝臣"，新政府不得不沿用幕府旧有的统治机构。幕府时代大量无实际职务的臣僚是交由"小普请支配""小普请附"进行统一管理的。新政府也沿用了这一制度，除上层旗本武士（中下大夫三百三十人）外，"小普请支配"（一百二十人）改称"行政官支配"，分为二十组，"小普请附"（三千七百人）改称"行政官附"，分为五十组，每组均设置被称为"触头"的管理员，统管组内包括分发粮米在内的所有事务。

本多元治在幕府时代从属于"小普请附"，明治维新后则属于"行政官附"，加入了辻彦三郎组。本多元治留下了记载日常生活的日记《身份留》，其内容从日常的投递书信、守卫禁门、难事斡旋到领取禄米，不一而足。通过此日记，可以一窥明治维新后东京武士生活之端倪。

本多元治归顺新政府的投诚书中记载道，他于天保四年（1833年）继承家督之位，在马食町代官山田茂左卫门手下工作，负责代官所的事务。本多元治一直工作至五十余岁，可以说是精通业务的下级官吏。庆应四年（1868年）六月，本多元治归顺新政府成为朝臣，同年十二月成为"大宫知县事下吏"，进驻马食町御用宅邸，负责管理鸟类的上贡事宜。然而，鸟类上贡于明治二年（1869年）废止，本多元治也被免职，改属行政官附辻彦三郎组，俸禄为十石五斗。本多元治一家四口，除妻子与儿子外，弟弟也一起生活，下人则早已辞退。本多元治的儿子被任命为"制度寮笔生"，但元治本人却失业了。

依靠运营土地为生

从史料中仅能了解到本多元治的上述工作经历，值得注意的是他的居住地。本多元治身为幕府臣僚，在幕府垮台之前被赐予二百坪宅基地，位于江户北部的小石川诹访町（现文京区后乐）。明治元年（1868年）之时，本多元治将位于本所绿町一丁目横町（现墨田区绿）的受赐宅基地租给了"御三卿"之一清水家的家臣中山左膳，同时本多本人租住着松本八太郎的宅邸。本多元治的房东松本八太郎长年担任"御广敷小者""小遣""姬君附"，均是为将军后宫"大奥"服务的职位。安政五年（1858年），六十四岁的松本八太郎加入了"小普请"队伍，待遇为"石高十五俵"，可谓最底层的幕府臣僚。本多元治将地租给了中山左膳，又租住松本八太郎的房屋，这种行为原本是违反幕府规定的。然而无论是对本多元治还是松本八太郎而言，租赁土地房屋都是重要的收入来源。

明治三年（1870年）三月，本多元治之子本多足国被任命为"太政官主记"，这使得本多元治欣喜若狂。本多元

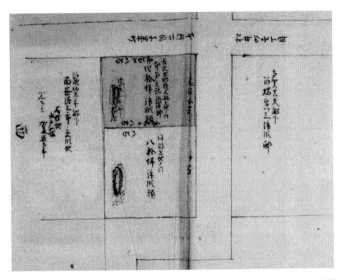

本多家在本所一丁目千岁町的土地（阴影部分），与江之岛弁才天、深川八幡御旅所、盲人聚居区、暗娼街等繁华地区相邻。邻房本住着当铺商人金兵卫的父亲金八，但经谈判本多元治获得了此房，并上书东京府，请求与自己在小石川的土地进行置换（《身份留》，东京都公文书馆藏）

治日记中的文字一直是细小工整，但却用大得超出纸面的字记录"太政官主记足国"。太政官主记相当于今天日本的基层国家公务员，升官希望极小。即便如此，儿子毕竟成了官员，而且可以永久借用（与被赐相同）位于本所一丁目千岁町吉泽出纳局权大佑上地迹的四十坪土地。

这一区划的土地共有一百二十坪，本多足国获赐四十坪，并在此建起了占地四坪的木顶房，本多元治也搬来一同居住。儿子顺利就职，而且获得了安身之地，本多一家在维新的动乱期后，终于得以松一口气。同年十月，本多足国与高间某人（名不详）的女儿正式成婚。高间某人是静冈藩士竹内清太郎的家臣，就职于民部省庶务课。

土地交换

看到儿子已成家立业，本多元治开始倒卖土地。首先，本多元治于明治三年（1870 年）与居住在吉泽出纳局权大佑上地迹剩余八十坪土地上的箱根屋金八谈判，收购了箱根屋金八的房屋。接着，本多元治向东京府宅邸科提出申请，要用自己获赐的小石川诹访町二百坪宅基地，置换本所一丁目千岁町吉泽出纳局权大佑上地迹剩余的八十坪土地。

本多元治的这一申请，实质上是趁当时武家用地政策混乱之际，企图浑水摸鱼。庆应四年（1868 年）八月，新政

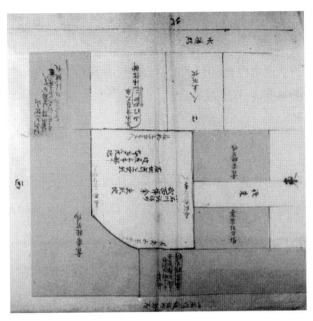

本多元治获赐于幕府的小石川宅基地。维新后，元治将此土地租给了别人。阴影部分是桑茶田，都市的衰落显而易见。节选自《身份留》（东京都公文书馆藏）

府决定赐宅基地给归降的大名与幕府遗臣。按原则，大藩大名可于城内、城外各得一处土地，小藩大名可在城内或城外得一处土地，俸禄为一千石以上的幕府遗臣在城内得一处土地，一千石以下者在城外得一处土地。换言之，大名和幕府遗臣们至少可以保留一处获幕府赐予的土地（《府治类纂》十六·戊辰·地兴。后文详述城内外的分界）。

由于这一时期东京迅速衰落，归降新政府的幕府遗臣们最关心的事情莫过于自己持有的土地、房屋的资产价值。明治三年（1870年），本多元治获赐的小石川诹访町附近变成了桑茶园，周围全都是桑田茶树。可以说，本多元治舍弃了已经失去都市色彩的小石川二百坪地，选择了繁华的本所一丁目八十坪地。

混乱的武家用地政策

在人口剧减和政府的缩小都市规模政策的影响下，繁华地带与衰落地带的差异日益加剧。以明治二年（1869年）五月十七日新政府发布的《行政官布告》（《法令全书》第四百六十）为契机，幕府遗臣无论级别高低，均费尽心机企图获得繁华地段的土地。这一布告是有关东京武家用地的基本法令，法令缩小了从前的"城内"面积，一直以来都被归入城内的江户城外壕到大川东岸本所深川的地区均被划为城外。其结果是，已经在大名小路或皇居附近拥有宅邸的强藩，可以在被划归为城外的滨町、筑地到大川河口一带的商业和交通要地再获得一处活动据点。这一改变大大有助于萨长土肥的相关人员在滨町附近获取宅邸。

除此之外，《行政官布告》还新引入了武家用地租借制度（《拜借地规则》）。根据这一制度，过去的武士阶层（华士卒籍）除可保留受赐土地之外，还可以有偿租借其他的武家用地。这一制度的本来目的是抑制土地的过度交换，然而尽管是有偿租借，希望租借土地的人群依旧是蜂拥而至。此时新政府正为脱籍浪人问题头疼，设法彻底调查土地与士籍人口。租借制度导致原本的土地拥有者不知所踪，户籍登记地迥异之人却居住其中，东京府陷入一片混乱。

明治三年（1870 年）三月二十日，走投无路的东京府认识到土地问题已经超出其行政管理能力，决定无论是赐予地还是租借地，只要是在幕府时期曾受赐土地者，皆可无偿永久租借土地。换言之，东京府已经无法判断何处是赐予地何处是租借地，何人应有偿何人可无偿，所有人都可以无偿获得当前居住土地。特别值得注意的是，东京府规定只要拥有土地上建造的宅邸的所有权，任何人都可以永久无偿使用该地。这一新方针无疑使幕府遗臣和新政府官员们欣喜雀跃，因为这使他们有机会在繁华地区无偿获得土地。此时正值本多元治一家在本所一丁目建起住房，恢复平稳生活之际。

在众人纷纷申请"换取更好土地"的状况下，四月五日，士族卒族各组领袖收到了如下内容的通知：

> 尽是恣意任性之申请，言不符实者甚多。其干扰府政，实为不可忍之事也。自去年中至（四月）四日止，上呈之申请，一概作废（《东京市史稿》市街篇五十一）。

诚可谓朝令夕改，昨日提出的交换申请，到了今日全部作废。这种蛮横的举动从一个侧面显示出当时东京府的混乱。

获取土地的欲望

然而完全禁止武士移居与武家用地的交换是不现实的。东京府在驳回土地交换命令的最后列举了三种特殊情况：①宅邸过大无法养护。②宅邸被没收用于开垦或公共事业。③未居住于受赐地、租借地。如属于上述三种情况，则可破例允许与当前居住土地进行交换。从第三条可见，对于正在编纂户籍以保证治安稳定的东京府而言，居住地与受赐地、租借地不一致是非常棘手的问题。人地一致原则要求"士籍者居于武家地之自宅"，这是完成户籍编纂、强化士籍法的必要条件。

然而在实际操作中，利用上述特例，将交换来的土地租给他人盖房居住，或将交换来的宅邸租给他人使用者层出不穷。

占东京面积百分之七十的武家用地陷入混乱的原因主要有如下几点。第一，"诸官员、士、卒，圈占受赐地、租借地附近之土地，请求租借"（《府治类纂》十七·己巳·地兴）。除了幕府遗臣，府吏、政府官员、各藩的华族士族卒族等居住在东京的上层人士都渴望占有更多土地。政府高官更是因在政府获得了一席之地而希望添置宅邸，于是打起了各藩宅邸的主意。江户时代的谱代藩佐仓藩藩士依田学海在日记中记载了佐仓藩对新政府的抗议："宇和岛中纳言（外国官知事伊达宗城）欲得（佐仓藩）八丁堀宅邸，其家人私自入宅丈量，实为令人发指之事"（《学海日录》第二卷，明治二年三月十五日）。整个新政府都丧失了对土地问题的控制能力，东京府无法管控东京用地也就不足为奇了。

第二个原因是，虽然攫取土地的目的五花八门，但最主要的还是在繁华街区盖房出租，收取高额利润。特别是对于幕府遗臣而言，靠经营土地获取收入是比本职工作更重要的生活来源。因而出现"一所宅邸却有二三人争抢"（《府治类纂》十八·庚午·地兴）的事态也就不难理解了。

正是出于上述情况，本多元治才先收购了邻居箱根屋金八所有的八十坪土地上的房屋后，再向政府申请交换土地。占地仅四坪的房屋自然狭窄难住，但此外还拥有相邻八十坪土地上的房屋的话，就符合第三个条件"不拥有土地却居住在此地的宅邸内"，成功置换已被桑茶田包围的原有土地的可能性大幅上升。

本所一丁目

本多元治费尽心思才收入囊中的本所一丁目千岁町吉泽出纳（局）权大佑上地迹究竟是什么样的地方？右图名为《本所一丁目　弁才天社·深川八幡御旅所》，收录于斋藤月岑编著的《江户名胜画册》，该绘画册传神地描绘了江户的繁荣景象。本多元治所拥有的本所一丁目千岁町宅邸距离此图所绘场景不过二百米。弁才天社与大川间遍布着饭店茶屋，参拜弁才天社的香客熙熙攘攘。图右侧边缘一带为深川御船藏前町，其中有被称为"御旅"的暗娼街，周围被饭店茶屋所包围。本多元治家旁边则为本所松井町，是街边卖春之地。

本所一丁目不仅因上述娱乐业而繁荣。图中没有明确标记，但弁才天社的后面是"总录屋敷"，其面积比弁才天社大一倍。近世盲人集团被称为"当道座"，集团内有七十多个等级，等级秩序独特而严格，"总录"则是其中最高等级，可以对集团成员执行包括死刑在内的刑事判决。"总录屋敷"内设有当道座的行政管理机构，"总录"也居住其中，管理着整个盲人社会。此外，"总录屋敷"内还设有各种学校，向盲人传授针灸等诸多学问与技能，因而终日人迹不绝。

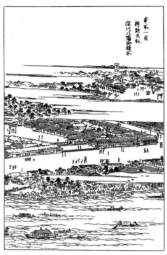

本所一丁目之繁荣。江之岛弁才天·深川八幡御旅所附近景色。本多元治的宅邸位于此地以东约二百米之地（《江户名胜画册》）

图的左侧由一桥相连的竖川沿岸是江户川、利根川、鬼怒川及房总半岛方向各路河运的中转站，大量木材被搬运上岸后暂存于河岸边。本所一丁目的娱乐功能正是都市功能发展和发达的产物。因此，本多元治舍弃了不断衰落的小石川，选择了本所深川地区内最繁华的地带。

由于史料无相关记载，本多元治此后如何利用这一土地的详情不得而知。然而在这一时期，武家用地也有很多转化为了町人用地，因此本多元治很有可能除居住外，还将土地及宅邸租赁给他人。本多家父子二人都没有国家在近代化过程中急需的知识与技能，因而即便拥有的土地再少，也要成为东京的地主，这是其跻身都市中产阶级的基础条件。

江户幕府倒台后，三万幕府遗臣面临三种选择。第一是放弃所有俸禄随德川家移居静冈，第二是归顺新政府，第三是改行经营农商。三条道路虽然差异极大，但每条道路中都出现了活跃于世的军人、学者和实业家。拥有近代社会所需要的知识与技能的人们得以将明治时代的国家发展与自己的人生道路相结合，这无疑是一种幸运。然而，更多的人像木多元治一样，他们没有机会跻身历史舞台的最前沿，只图在激变的东京求得安栖之地。

幕府遗臣们是政治上的失败者。但无论是败者还是萨长土肥等胜者，如果想在东京这一特大都市生存下去，就必须学习町人社会的运行机制与空间利用方法。因此从历史的观点来说，无论是幕末维新的胜者还是败者，整个武士阶层自此融入了町人社会的资本运营逻辑之中。

双重行政体系

最后不妨从身份等级统治瓦解的角度，重新解读本多元治的明治维新过程。明治初年，新政府的首要课题是户籍编纂，换言之是要使身份等级与占有空间保持一致，在此基础上掌握居民信息。通过本多元治，可以更清晰地了解户籍编纂迟迟难以推行的原因。

武家用地及宅邸的租赁现象在江户时代属于暗箱操作，维新之后租赁行为逐渐公开化，因而该现象愈演愈烈。同时，新政府推行"新开町开发"，将武家用地不断改造成町人用地。在土地与身份等级流动性极强的状态下，试图本着身份等级与空间一致原则，按身份等级（本多元治属于辻彦三郎组，是行政官附下辖的身份集团）编纂户籍的尝试必然失败。为了扭转失败局面，明治四年（1871 年）四月，新政府颁布了户籍法，规定在东京、大阪、京都三府和各通商口岸等重要地区，"寄留人"（离开本户籍地九十天以上者）可不论身份等级，按所在地进行清查并发放证件。换言之，新政府针对特定地点的特定人群进行了脱离身份等级统治制度的管理尝试。

　　然而，新政府的上述方针立刻出现了问题。户籍编纂工作由各户籍区的区长按属地推行，但户籍编纂以外的行政管理则因循旧习，由各集团的头领按身份等级进行管理。这样的双重行政体制必然导致混乱，连"寄留人"的调查也迟迟难以启动。明治四年（1871 年）七月十二日，就在公布废藩置县的两天前，东京府向新政府上呈了如下建议书：

　　　　今般委命编纂户籍之事，下至士族卒族，依法由（户籍区）区长按土地、人员、户数加以排查。若此，则成"一民二官"之态，极为不妥。（中略）故旧来之官僚系统有害无益，应一并废除（《明治四年政府建白伺愿录》）。

可见，东京府已然意识到，只有彻底废除身份等级制才有可能打破僵局。所谓"一民二官"的双重行政体系给包括东京府在内的日本各地区带来巨大的行政困难。新政府最终决定废藩置县，随后迅速发布多项政策，推动身份等级制度的废除。先是废除了贱民等级与盲人集团，又取消了武家用地与町人用地的差别对待。身份等级统治的废除，标志着建立在兵农分离、兵与商工分离基础上的江户社会体系就此终结。

第三章
町中生活

　从江户到东京：小人物们的明治维新

第一节　町中的"管家"们

东京府知事始学江户事

庆应四年（1868年），刚刚占领江户的新政府领袖们并不了解江户町人社会的运作方式。同年十二月四日，成功实现天皇巡幸的大木乔任成为第二任东京府知事。与大木乔任相关的现存史料中有题为《杂事》的小记事本，应为大木初到东京时使用之物，上面记载了"町年寄""名主""地主""直家守""居付地主"等江户町人社会相关的基本词语及其释义。

一、东京府　一千六百余町　二十一组

二、家主　统管町内诸事，诉讼、行政公务亦是如此，犹若村之地主。此职犹如株，亦可买卖（《大木乔任关系文书》）。

出身佐贺藩的大木乔任不得不开始学习江户之事，这意味着新政府真正开始管理东京。从《杂事》可以看出，大木乔任抓住了江户町人社会最重要的几个特征。町人用地虽然仅占江户土地面积的百分之十五，却居住着五十余万人，占江户人口总数的一半以上。俗语称"大江户八百町"，但实际上江户的町数在18世纪中叶的延享年间就超过了1600，按嘉永六年（1853年）记载为1637（《东京市史稿》市街篇四十三）。这些町被编为二十一组和两个番外组（品川、新吉原），由各地的名主管理数町或数十町。

町是由在町人用地拥有宅邸的有产町人组成的共同体，町人阶层拥有宅邸产权并居住于此。然而到了18世纪后期，都市出现了豪商，农村出现了豪农，他们将积攒的钱财投资到了江户的地产上，开始经营不动产。而真正拥有土地且定居江户者按户数计算只有百分之三左右。剩余人口或为租地开店的商人，或为租房寄居的日薪劳动者，日薪劳动者阶层占了町人口的百分之八十。

管家的两个职责

江户土地的拥有者大多不居住在江户，不得不雇用管家（家守）来代其管理土地、征收租金。大木乔任在《杂事》中将管家（家守）记录为"家主"。管家还要承担各种公共事务，包括征收和管理国役、公役、町公费，传达法令，仲裁町内争吵斗殴，照顾孤儿与饿殍，夜间执勤、清扫与整修町内街道，在诉讼请愿与幕府官员前来调查之时亦须陪同。可以说无论公事私事，町内诸般事务均由管家负责。

管家之所以对租户在公私两个层面负有监督、管理责任，主要有如下理由。第一，土地拥有者是"家"的主人，对宅邸内事务负有管理义务，管家是土地拥有者的代理人，自然接手了这一义务。第二，随着不居住在江户的土地拥有者逐渐增多，原本应由土地拥有者负担的义务逐渐转移至管家阶层。町原本应是土地拥有者的共同体，却逐渐转变成管家的集合体，学术界将町的这一状态称为"管家们的町"。

管家的"株"化 [1]

大木乔任记载"家主（管家）犹如株，亦可买卖"，对此应作何理解呢？

管家们除土地拥有者支付的薪金外，还能获得诸多额外好处。比如出售租户的粪尿，征收垃圾处理费，有新租户时会收到好处费，逢年过节也有礼钱进账。有记载称江户末年，江户城有管家二万零一百一十七人（《守贞谩稿》第四卷）。江户的町人人口为五十万左右，其中包括家眷与佣人。如果减去家眷与佣人，可推算出管家占了町人人口的百

---

1 "株"为进入行会的身份，每一个参与商家为一"株"，"株"可以用金银钱财自由买卖与转让。

分之四到百分之五。管家的收入非常丰厚，特别是租户粪尿收入非常可观，与土地拥有者支付的薪金同为管家的重要收入源。最终，管家的权利开始被当作利益会上涨的"株"进行贩卖，而管家的本职工作开始由下级管家（下家守）来承担。

从管家的变化可以看出，在江户时代，如果某一种职业所持有的特殊权利能转变为带来利益的"株"，实际从业者与靠特殊权利坐享其成者就会分化成两个不同社会阶层。

日薪劳动者

面对管家代替土地拥有者履行义务的社会现实，东京府做出了何种应对，这留待下一节介绍。在此不妨对明治维新期间的东京町人社会进行更加详细的考察。

庆应二年（1866年）五月，长州战争导致江户米价暴涨，食不果腹的都市底层民众开始了大规模的打砸抢。同年六月，町奉行所向三十七万三百八十七名下层民众发放紧急救灾款，终于制止了打砸抢行为。町奉行所将救灾款发放对象分为以下三类：

① 家有四壁和榻榻米，三餐中两餐为粥（上）

② 家有炉灶、汤锅、瓢盆，然每日食红薯与粥两次亦有困难（中）

③榻榻米、四壁、炉灶皆无（下）

这些人就是所谓日薪劳动者，占町总人口的七成到八成。江户这一都市就是由这样的日薪劳动者构成的。

对这些都市底层民众而言，明治初年的东京比江户时代更难生存，因为武士人口急速减少，商业、运输业、手工业的需求随之降低，他们失去了生计，大量沦为乞丐。下一节将以四谷传马町新一丁目（现新宿区四谷二丁目）的人口动态为切入点，研究明治维新对江户町人社会的影响。

第二节　明治时代的人口遣返政策

四谷传马町新一丁目的状况

四谷传马町新一丁目位于四谷御门附近，正对甲州街道。甲州街道途经内藤新宿，是连接多摩、甲州和信州中南部地区的交通要道。四谷传马町新一丁目周围林立着多处旗本武士宅邸，中间还夹杂着若干大名宅邸。江户幕府对町课以"国役"和"公役"两种税赋，按地段分为上、中、下和末四个等级，税赋量因等级而异。四谷传马町新一丁目的等级为"中"，负责管理驿马，属于相对繁荣的地段。

江户一千六百余町每年都会进行人口调查，编纂"人别帐"，然而"人别帐"仅有二十余部保存至今，与奈良时代正仓院文书中的户籍文书数相差不大，可谓珍贵史料。庆应元年（1865 年）和明治二年（1869 年）的"人别帐"中记载了四谷传马町新一丁目的状况。下表为两年的数据对比。从庆应元年（1865 年）到明治二年（1869 年），该町从 96 户减少到 76 户，总人口从 380 人减到 301 人，下降近两成。

四谷传马町新一丁目的人口变化表

	庆应元年（1865 年）	明治二年（1869 年）
户　　　数	96	76
町内总人口（a）	380	301
佣人数（b）	9	44
佣人比例（b/a）	2.4%	14.6%

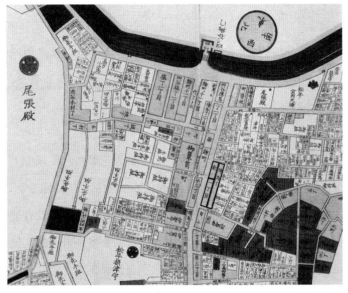

区划图中粗线围出的部分是四谷传马町新一丁目，该地区被武家用地所包围
（《千驮谷鲛桥四谷绘图》，1864 年，国立历史民俗博物馆收藏）

　　然而奇怪的是，虽然户数和人口数都在减少，町内的各
类佣人却从 9 人增长到了 44 人，接近原来的五倍。在这一
时期，极少可能有经济状况极好的家庭大幅增加佣人人数，

那么实情究竟为何？要解决这一问题，需要回溯到天保改革时期。天保十四年（1843年），老中水野忠邦主持了天保改革，发布"人别改令"（遣返令），将流入江户的底层民众遣返回农村。在江户打工者必须持有原籍地领主的许可状（送书），如无许可状则必须返回农村。发令一个月后，江户进行了人口普查，町奉行所向江户各町的名主发出如下指示：

> 削减外出务工者人数之事，业已通达。虽言削减人口，吾等亦知有不可削减之人力。万望深思熟虑，确保本月上报人口之数有减无增（《人别御改正书》）。

简而言之，町奉行所敦促各名主，无论如何都要减少上报人数，实际上是教唆名主篡改信息。此后，"人别改令"依然具有效力，因此"人别帐"记录的"九人"即使没有被篡改，也很有可能是虚假信息。有大量未获得许可证的人员私自前往江户务工，这些人的信息不会记录在案。因此，四谷传马町新一丁目的实际人口应当超过四百人。

另外，上述两部人别帐都留有转入人口和转出人口的记录。明治二年的人别帐中记载的大量人名不存在于庆应元年的人别帐，占总数近百分之八十。这些人应当是明治维新前后搬入四谷传马町新一丁目居住者。明治维新前后三四年间，四谷传马町新一丁目的人口减少了一百余人，七成居民都是新面孔，可见被武家宅邸包围的传马町之衰微何其迅速。

明治二年（1869 年）四月人口调查之后，议政官参与大久保利通向岩仓具视提交了意见书，认为应慎重对待版籍奉还一案，其中提到：

> 方今内外大乱，迫在眉睫，实为皇国危机存亡之秋也。天下人心不信政府，怨声载道，终至怀念武家旧政（《大久保利通文书》三）。

削减天皇伙食费

明治二年（1869 年），春夏之际气候不调，极有可能连续遭遇荒年。新政府非常惧怕脱籍浪人与草莽志士的反政府行为与各地的农民起义以及东京的打砸抢行为有组织地结合在一起，因而非常关注都市底层民众的动向，毕竟底层民众占町总人口比例高达百分之七十至八十。

大藏少辅吉井友实（鹿儿岛藩）拜会东京府知事大木乔任，咨询了政府救济底层民众的相关事宜，得知他们的境况非常凄惨。吉井友实在翌日的日记中记载道："前往小御所，例行议事。后询穷民救助之事，情形甚是紧迫。惟望削减御供，官员亦减月薪，以救助穷民。于御前建言此事。"(《三峰日记》明治二年八月二十日）

为了筹措救济底层民众的费用，吉井友实恳请天皇削减伙食费，官员亦减少俸禄。同月二十六日，在天皇亲临之下，右大臣三条实美宣布官员须奉还薪金的五分之一。

吉井友实的日记非常简洁，很多日了甚至没有记载。从向天皇提出建议到宣布奉还薪金的六天中，吉井友实只在二十二日记载了"上田领百姓起义"报告以及对"长崎耶稣宗"的处置。在这一时期，大藏少辅是掌管民政的要职，因而吉井友实记录的都是全国民众的动向。维新虽然成功，但新政府却仍前途未卜。

一万"乞讨者"

明治二年（1869 年）八月，东京府命令统管"非人"（乞讨者）的弹内记（又称弹左卫门，参考第五章内容）调查属下人口状况。八月十八日，弹左卫门报告称东京府内有乞讨者四千三百余人，其中从属于"非人""乞胸"等身份等级统治下的人口仅有三成，剩余三千多人均为管控之外的乞讨者，称为"野非人"。

然而到了二十九日，弹左卫门却报告称，近日进行了清查，偏远地区各町、四大旅店街（品川、千住、四谷、板桥）、本所海边等地区的乞讨者和流浪者接近一万人。其中，管控外的野非人约五千人，身体残障者约一千人，流浪者约四千五百人。弹左卫门是贱民组织的首领，自江户时代起就须定期清查、抓捕不受管控的野非人，并将其编入贱民组织之中。可见，实际的乞讨者人数远高于当初上报的四千三百人，东京府很难遏制各种乞讨者的激增。

面对这一状况，东京府采取了两项措施。第一是鼓励贫民前往下总小金牧（现在的千叶县下总台地）等地区开垦荒地，第二是将东京府中工商业不发达的地区改造为桑茶田。江户时期主持宽政改革的松平定信一方面为无家可归者提供劳动机会，一方面厉行"旧里归农令"，试图减少江户人口。主持天保改革的水野忠邦发布"人别改令"，坚决遣返前往江户务工者。新政府的措施与上述两人的改革大同小异，为适应人口的减少而努力缩小城市规模，将流落街头的贫民赶往偏远地区开垦荒地，而脱籍浪人则或被收监，或被发配至遥远的虾夷之地（北海道及以北诸岛），以维持社会治安。

明治二年（1869 年）五月三日，"东京府开垦担当"收归民部省开垦局管辖，在督导下，下总小金牧等地创建了开垦公司。同年十月，东京府发出如下命令：

深思熟虑之上，定下总国牧地开垦之计。至今渐入佳境，将使府中男女一万人赴该地开垦定居。（中略）产业为长久之计也，故无籍无产者，应速速前往东京府籍改所，递授业之请。纵为町人之身分者，若难以谋生，亦可向各町主事之人请愿前往。各町当于明察之后，遣其赴上述之地（《东京市史稿》市街篇五十）。

户籍改正所原本是为纠察脱籍浪人而新设的机构，后来应需求逐渐变成派遣劳动力前去开荒的"遣返机构"。被派遣至下总地区开垦荒地的脱籍浪人与贫民总数达六千五百余人。身体状况不佳，难以从事开垦荒地等重劳动的贫民被送往三田救育所（明治二年四月开设）、麹町救育所（明治二年九月开设）等机构学习手艺，老人、幼儿与病人则被收入高轮救育所（明治二年九月开设）。高轮救育所开设之初收容了九百五十五人，仅一个月后就有七十九人病死，三百零七人逃跑，六十三人返回原籍地。被派往下总地区开垦荒地的人，大部分在一两年内就逃回东京。

"管家们的町"的终结

人口与土地使用权都在迅速流动，因而恢复对町的有效行政管理是东京府的当务之急。明治二年（1869 年）三月，东京府废除了原有的名主番组制度，将若干面积过小的町合并为一，按每个区约一万人口为标准，重新划分了五十个区。在此基础上，让二百六十余人的名主互相选举，按得票数多少任命其为五十个区不同级别的管理者（中年寄、添年寄）。东京府的目的是以这些管理者为中心，重建各町的行政体制。同年六月，东京府又废除了月行事[1]和五人组体制，町的各项事务不再由管家承担，而转交给居住在当地的土地拥有者。东京府的这一举措意味着，从制度层面而言，管家从此无权掌管町的公共事务。

同年十月，东京府下令，禁用"家守""家主"两种称呼，改称"地面差配人"（土地管理者）。按字面之意，管家仅有权管理土地、房屋租借的相关事务，不可再代替土地拥有者承担任何公务。东京府不再依靠管家的力量治理町中事务，这似乎只是细节上的改革。然而对于町来说，这却是从近世过渡到近代的重要契机。町中居民是如何对待东京府的这一改革，又做出了何种反应呢？下一节将把视线转移到街边，详细考察町中居民的反应。

---

1 日本中世、近世的都市、行会（座）等共同体中设置的干事一职，因每月轮换，所以称"月行事"。

第三节　街边的明治维新

何为路边店铺

千叶县佐仓市国立历史民俗博物馆中收藏有题为"江户桥广小路"的地理风貌复原模型，展示了从日本桥到江户桥的广大区域。"广小路"是为防止火灾蔓延而特意拓宽出的区域，也叫广场。江户桥广小路最初是一块三角形的空地，随着时代发展，负责向江户城进献鲷鱼食材的肴役所、停放牛车的停车场、丰富市民娱乐生活的杨弓场[1]和讲释场[2]纷纷进驻此地，江户桥广小路成为江户地区屈指可数的繁华地段。

围绕江户桥广小路地区的街道边设有大量店铺，当时称为"地板店"（床店）。这些路边店铺一般只有六尺到十二尺宽，密密麻麻地挤在路边。很多来国立历史民俗博物馆参观的游客对这些路边店铺很感兴趣，特意向馆员询问这些路边店铺究竟为何物。

1　供客人体验弓箭射靶的游乐设施。

2　供讲谈师表演的专门场所。

路边店铺原本是可移动的小摊位，商人白天在固定地点做生意，晚上将所有物品收拾整齐后带回家中。原则上讲，商人不可住在摆摊的地方。幕府经常会发布"火焚所禁止令"，禁止路边摊用火。然而，江户桥广小路地段却是特例，这里的路边摊在夜晚不需要移动。因

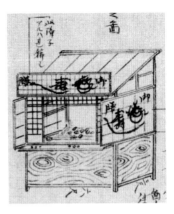

描绘路边店铺的画作，此类路边店铺多出售寿司和天妇罗（《守贞谩稿》第五卷，国立国会图书馆藏）

此，路边摊变得越来越精致，有的先是用上了瓦顶，后来又砌起了土墙，进化成路边店铺。随着路边店铺的固定化和精致化，此地区的零售业与娱乐业迅速发展繁荣。

除了江户桥广小路区域之外，隅田川边幕府御米库背后的浅草御藏前的路边店和神田川边神田柳原土手大街的路边店靠经营二手衣物、用品而深受庶民喜爱，这三个地区并称为"三大路边店地带"。

到了江户末期，路边店的范围进一步扩大，今天日本旅客铁道御茶水站到四谷站间的街边遍布着各种路边店，如果算上柳原土手大街的话，路边店绵延七公里，形成巨大的商业用地板块。路边店还往往开到该地区的广场、佛寺和神社

中，其影响甚至遗留至今日。

学界对江户的路边店现象存在多种解释，众多研究都将其视为一种特殊的社会结构，是脱离日常生活的繁华场所，或是通向"异界"的窗口。然而随着对路边店地区管理方法与商人实际生活状态的研究逐渐深入，学者们渐渐认识到，路边店并非特殊的社会结构，而是与江户民众日常生活息息相关的重要场所。

为何街边可以开店

一般的店铺要在私人所有的建筑物内出售商品或提供服务，但路边店则截然不同，店主私自占用公共道路摆摊设点。道路属于幕府统辖土地，严禁私人占有。每逢大的火灾之后，町奉行所都会派专人前往町中监督，如果发现有人在重建房屋时挤占道路用地，就会当场砍倒建筑物的梁柱，以示警告。

然而幕府却允许路边店占用公共道路，这与江户居民所要承担的公共义务有关。在江户，无论是武士还是町人，只要住房在道路两旁，就有义务清扫街道并参与道路的维护与管理。道路的维护与管理除包括维修受损道路外，发生在道路上的一切事务，诸如仲裁冲突、救助饿殍、处理尸体、照料遭遗弃儿童等均在职责范围之内。

市谷左内坂附近的路边店（日本旅客铁道市谷站前至外堀大街，《顺立帐》57，1869 年，东京都公文书馆藏）

　　大名宅邸前的道路由大名出资维护，町人用地的道路维护费用则从町征收的公用款中支出。如果道路一边是武家用地，另一边是町人用地，则以道路中线为界，两方各自负责所管区域的所有事务。因此，趁天方破晓之际，悄悄将饿殍搬到他人管辖区域之事时有出现。

　　很多情况下，商人会以协助所在町履行上述公共义务为名，申请开设路边店。有时，幕府会要求路边店上交一部分收益作为地税，出于增加税收考虑而批准开设路边店。

神田柳原土手大街的路边店铺

　　神田柳原土手大街的路边店铺西至筋违御门，东至浅草御门，沿着江户城外濠绵延数里，是江户三大路边店地带之一。其位置相当于今天的神田川右岸日本旅客铁道御茶水站到秋叶原站之间。土手大街的路边店主营二手衣物和用品等与日常生活息息相关的商品。

河岸是物资运输的集散地，土手大街附近的河岸边林立着岩井町卸货场、郡代宅邸的卸货场、代官管辖的大豆油销售处、薪柴等物品的仓库、乞讨者的小屋、各级守卫的住房、御林炭薪会所、纪州藩的橘了卸货场等设施。虽然上述设施的具体情况尚有不明之处，但土手大街附近无疑是人与物的集散地。

开设路边店的往往并不是店铺的经营者。柳原土手大街的路边店分为两种，一种是町开设的店铺，另一种是由纹三郎、与兵卫等代理商开设的店铺。在和泉桥西侧，面向须田町二丁目、神田小柳町、神田平永町、神田元柳原町、东松下町的路边店均为町向政府申请开设，此外的路边店铺则为代理商所设。两种路边店均只须承担公共义务，无须向幕府纳税。但与武家用地相邻的地段为特例，既需要承担公共义务，亦需要缴纳地税，为何如此原因尚不明确。

路边摊的权利规定比管家更为严格，营业利润须按幕府—町或代理商—路边店拥有者（管家阶层）—路边店商贩的顺序逐层分配。只要获得幕府许可，町中的管家之类人等就可以作为路边店拥有者开始营业。路边店拥有者在指定地

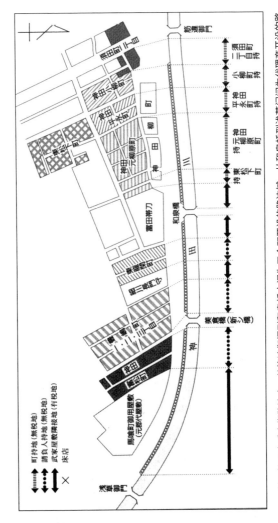

神田柳原土手大街路边店，从筋违御门到和泉桥之间为五个町开设的路边摊，从和泉桥到浅草门间为代理商开设的路边店，亦有与武士宅邸相邻的店铺

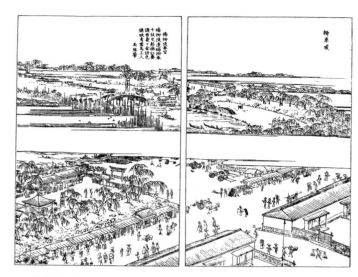

描绘柳原土手一带路边店铺景象的绘画，近处为柳森稻荷，远处依稀可见和泉桥，摘自《江户名胜画册》

点搭建简易的店面后，就可将其出租给商贩。商贩获得利润的一部分要上交给路边店拥有者，路边店拥有者将获得利润的一部分上交给町或代理商，剩余款项则塞入自己腰包。就这样，路边店的利润会逐级分配到路边店商贩、路边店拥有者、町及代理商手中。

柳原的路边店不需要向幕府纳税，因而路边店拥有者自己留下所获利润的百分之七十七，剩余的百分之二十三缴纳给町或代理商。根据明治二年（1869 年）东京府的调查，神田柳原土手大街的路边店商贩一年间共向路边店拥有者上缴利润八百二十九两，在今天约合六千万到八千万日元。

路边店的拥有者与经营者

明治二年（1869年），在柳原地区，由町开设的路边店共有五十三名拥有者。其中土地拥有者五人，管家二十一人，租地者五人，租店者十五人，阶层不明者七人。换言之，路边店拥有者大多出自土地拥有者和管家阶层。对于这两个阶层的人来说，开设路边店不仅能增加收入，更重要的是有人协助分担町内的公共事务。

此外，路边店拥有者的权利还被当成"株"进行交易，以至于后来的路边店拥有者可能与店铺本身毫无关系。神田元柳原町的铃木嘉兵卫靠经营当铺致富，进而跻身町的管理层。他在町内建起多处宅邸，四处收购路边店，其家族逐渐成为当地的名门。他手中的路边店临街总面阔达二百一十尺，每年租金高达二千六百七十六匁银（相当于今日四百万日元）。

而租借路边店经商的又是何种人呢？明治三年（1870年），三十三番组、三十五番组的管理人员向东京府报告称，租赁路边店铺的多为日薪劳动者。甚至有两三个人合租一个店面，早中晚倒班经营，还有居无定所者前来租店。可见，

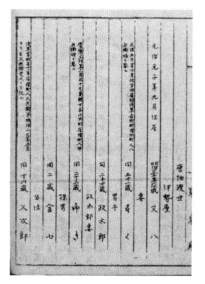

浅草御藏前路边店商人的家庭结构，除经营舶来品的伊势屋又八及其家人外，还有雇用的佣人（《东京府史料》41，国立公文书馆藏）

租店人多为租房居住甚至无房居住的贫民。

虽说路边店铺的经营者多为底层贫民，但各店铺经营的规模存在很大差别。柳原土手大街的路边商铺稳定存在了百年，其中亦有传承数代的驰名老店，有的甚至可以雇用帮手。现存有明治二年（1869年）十月编制的《御堀端河岸地住居之者名录》（户籍簿的一种），其中记载有在浅草御藏前经营路边店的伊势屋又八家族。路边店本应禁止居住，但伊势屋又八却偕妻、子、孙三代外加佣人一起居住于店中，生意极为安定。

柳原土手大街一带有很多桥梁，桥梁附近的空间相对充足，有人会在路边店背后增建二坪的房屋，有人甚至会增筑为十坪米的房屋外加一坪的庭院。江户人将狭窄空间活用至极致的生活态度由此可见。

路边店商人的纳地税运动

明治维新后，新政府实施的都市管理政策自然也影响了柳原土手大街的路边店。第一条命令发布于明治三年（1870年）三月，新政府要求所有路边店必须上缴地税，无论是町还是代理商开设的，亦不管是征税地还是免税地。针对这一指令，路边店商人们的反应出人意料。由町设置的路边店本应免税，但商人们却提议借此机会开始向东京府缴纳地税。

一百三十三名路边店商人、九名基层管理人员多次联名上书，请求东京府相关人员批准其上缴地租。下文引用史料为明治三年（1870年）四月路边店商人上呈东京府请愿书的一部分。

> 我等以经营路边店为生计。去年九月中旬，维新大业之后，承蒙隆恩，准我等商人续借宝地，上纳地税。我等感激涕零，奉上印证，祈纳地租。（中略）正月持地租纳于中年寄之处，中年寄却言地租当为建屋人所纳，拒不收租，我等皆感惶恐。（中略）若为建屋人所纳，建屋人则成代理人，有违法令之意。（中略）万望明察实情，令我等上纳地租于中年寄。亦上呈店租于建屋人，其余事项皆拜听中年寄之命（《明治三年

顺立帐》九）。

路边店商人感政府租借土地之恩，自愿向中年寄上缴地租，然而中年寄却说地税应当由路边店拥有者（建屋人）上缴，因此拒绝收取地租。但如果这样就违反了东京府的命令，商人们大感困惑，向东京府表示自己也会向路边店拥有者（建屋人）缴纳店租，万望东京府接纳他们的地租。

在路边店商人的请愿书中，将路边店拥有者称为建屋人，即建立店铺租给商户使用的人，并非土地拥有者，因而不应纳地税。如果建屋人纳了地税，就和江户时代的代理商无异。路边店商人的逻辑非常巧妙，如果东京府接受请愿允许商人纳地税，就意味着路边店商人获得了店铺土地的租借权，可以自由支配利润。路边店商人的目的是消灭榨取中间利益的路边店拥有者阶层，打破既有的利益分配体系，确立经商者拥有土地租借权原则。对商人们而言，明治维新带来的政策转变正是可乘之机，可以利用时势谋求摆脱地主和管家阶层的束缚，成为独立自主的商人。

然而，町管理层却以路边店商人经营不稳定为由，反对由其缴纳地租。前文介绍了三十三番组、三十五番组管理人员向东京府报告路边店商人阶层构成，其目的在于强调商人没有纳税能力，希望东京府驳回其请愿。町管理层多半是江户时代的名主阶层，是既得利益群体，希望维持利益分配结构不变，保护地主与管家阶层的利益。

路边店铺的未来

东京府的最终裁决是驳回路边店商人的请愿。地租和店租均由町管理人员直接向路边店商人征收，地租上交给东京府，店租转交给建屋人（路边店拥有者）。建屋人与之前一样获得上缴租金的百分之七十七，剩下的百分之二十三须上交东京府，而非町或代理商。

此时东京府正在为救济底层民众而焦头烂额，因而选择维持稳定优先，不敢打破既有利益分配体系。然而，东京府的最终裁定没有承认路边店商人与建屋者任何一方具有优先租地权。路边店商人自然没有租地权，但是原本掌控路边店的管家阶层的既得权利同样没有被政府承认，管家阶层再也无法对路边店商人或町施加影响。为了明确这一变化，东京府仿效路边店商人，将管家阶层改称为"建屋人"。

店租本是管家阶层与路边店商人私下的租借收益，由町管理人员代为征收不合道理。然而东京府的大方针是取消管家阶层的一切公共职能，为了向其施加压力，东京府才明知不合理而为之。为了实现行政管理不依靠管家阶层，东京府可谓煞费苦心。

明治维新对路边店的影响，首先体现在打压管家阶层。明治四年（1871年）宣布废藩置县后，政府的权力基础大幅强化，政府所有地和民有土地有了明确区分，新政府开始打压所有企图侵占政府所有土地之人，路边店在这一过程中逐渐销声匿迹。

明治十年以后，被从路边赶走的商人们开始团结起来，在同一区域租借店铺，聚成高度密集的商业地段。这些商业地段是靠商人群体自发聚集而成，而非今日靠资本投入建造的购物中心。有关此类商业地段的发展轨迹还有待今后进一步研究。

今天，柳原土手大街路边店地带的名称虽变为"神田须田町""岩本町"等，但依然有大量的服装店，每年都会召开露天集市，前来购买衣服和食品的客人络绎不绝。露天集市的景象与江户时代的路边店如出一辙，可以感受到这一传统已深入庶民生活之中。江户时代的路边店，可能给生活在21世纪的我们一些有益的提示。

第四章

花街的明治维新

第一节 新吉原花街和江户社会

东京府知事大久保一翁的建议书

花街与妓女不仅是江户居民们耳熟能详的事物，直到今日都是历史小说、电视剧、舞台剧经常选用的题材。今天我们常吃的"助六寿司"，其语源即出自以花街为舞台的歌舞伎作品《助六由缘江户樱》。然而，在探讨明治维新给江户（东京）带来的社会变动时，为何要研究花街妓女这一特殊的社会群体，也许许多读者都存有疑问。

第一个理由是，由于身份等级统治秩序下的职能与特殊权利被新社会秩序否定，花街在明治维新前后发生了巨大变化，这一适应新社会的过程是研究明治时期社会变动的极好例证。新吉原花街由五个妓女町组成，五町中妓院与妓女社会地位的变化不仅体现了明治维新对町中社会结构的影响，也是研究近世向近代转型时期城市变化的绝佳素材。

第二个理由是，花街是江户极为重要的功能区划，其功能在维新后发生了极大变化，研究其价值所在及变化轨迹是了解江户（东京）社会变迁的重要线索。江户幕府将江户定位为军事都市，因而性相关产业的管理在整个都市管理中占据非常重要的地位，幕府一直都极度重视花街的动向。

明治五年（1872 年），新政府发布"艺娼妓解放令"，娼女与侍女（以服侍为名的暗娼）获得解放。新吉原花街以及品川、内藤新宿、千住、板桥等侍女聚集地受到沉重打击。此时，曾在江户幕府担任诸多要职的东京府知事大久保一翁（忠宽）向政府提出如下建议：

> 东京府下，日本桥四街道人群聚集之处外，每町可设一租屋，准其营业，特此建议也（《娼妓解放》五）。

熟知江户民情的大久保一翁认为娼妓解放令会导致花街衰落，因而除人群密集的主干道地区外，每町应建一座"租屋"，也就是妓院。大久保一翁的建议最终被政府驳回，然而他为何会提出此种建议，新政府又出于何种原因驳回了这一建议，研究两者间的这一理念差异可以更清晰地了解江户（东京）的都市功能及其变化。后文将以新吉原花街为例，探究明治维新对花街的影响。

新吉原花街的职能与特殊权利

元和三年（1617 年），骏府的妓院经营者庄司甚右卫门等人获幕府许可，在葺屋町（现在的中央区日本桥人形町）附近开设了江户第一条花街。然而这条花街被明历三年（1657年）的大火烧毁，不得不向北搬迁到了江户町一丁目、二丁目、角町、京町一丁目、二丁目五条花街。同时，允许客人指定妓女上门服务的"扬屋"也陆续建成，自此该地区开始被称为新吉原花街。

江户幕府将新吉原指定为花街，换言之在幕府批准的花街范围之外，任何卖春行为皆为违法之事。花街垄断了性服务行业，但也要承担种种公共职责。新吉原成了一个身份等级集团，按职业承担相应义务，幕府则保障其特殊权利。

元和四年（1618年）以后，吉原五町开始承担"町人足役"（公役）赋税。到了19世纪，吉原五町每年上缴的公役银为三贯五百七十六匁（《公役银纳控》七）。上缴的公役银会被用于购置江户城的榻榻米、支付清扫工的劳务费、购置山王祭与神田祭所需的各种祭祀道具、支付公家贵族宅邸或江户城内上演能剧时雇用的厨师劳务费、修建官衙道桥的人工费等诸类事务。另外，侦察潜伏在新吉原的犯罪者、汇报治安信息等公共事务也是吉原五町长期以来承担的重要义务。

此外，吉原五町还有义务揭发其他地区的违法卖春行为，被称为"卖女诉讼"。获得幕府认可的经营者与娼妇被称为"游女屋"和"游女"，与此相对的，违法经营者和娼妇则被称为"卖女屋"和"卖女"。吉原五町负责揭发"卖女屋"与"卖女"，统管江户的性服务行业，维持性秩序稳定。

在 17 世纪，揭发违法卖春行为有时会引发争斗。吉原一方派出数十人纠察违法经营者，而违法经营者也拿起刀枪迎战，进而引发激战。近年研究成果显示，身份等级集团承担的公务或"御用"不仅限于公役银等幕府直接指派的任务，维持集团内秩序也是其重要职责，同样会被当作"公务"。

揭发违法卖春行为对新吉原五町而言意义重大。被查处的违法娼妇由五町通过抽签决定归属，抽中者可以免费获得

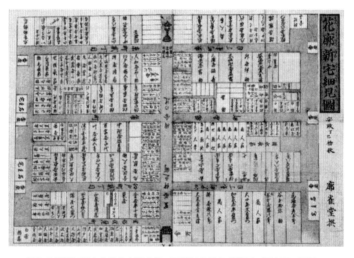

进入大门后可见中央的仲之町大街，两侧林立着各式茶屋。江户町一丁目、二丁目、角町、京町一丁目、二丁目分别位于大街两翼，其中遍布妓院。图为安政四年（1857 年）绘制的新吉原观光地图，用于宣传火灾后重建的新吉原风貌（《花廓新宅细见图》，东北大学附属图书馆狩野文库收藏）

妓女为其工作。在 19 世纪，众多经济基础薄弱的底层妓院正是靠这一制度得以生存发展。

町奉行所征收各花街一成收入。庆应三年（1867 年），新吉原和深川两处幕府批准的花街向町奉行所上缴金额共计二万三千零八十两，占町奉行所总收入的百分之二十二。换言之，即使不计算四大侍女聚集地及其他私娼，仅新吉原和深川两地的性服务业年营业额就高达二十三万余两，江户末年的江户性服务行业可谓兴盛至极。

江户末年的花街

新吉原花街从 18 世纪后半叶起进入了动荡和衰落期。衰落的第一个原因是，到了近世后期，大名、豪商的出游逐渐减少，中等甚至是下层人士开始成为新吉原的主要客源。被称为"太夫""格子"的高级妓女在宝历八年（1758 年）后销声匿迹。进入 19 世纪后，原本是歌舞伎作品嘲讽对象的商店店员成了可与中级武士相提并论的上等客人。同时，其他地区的私娼店以及四大旅店街的侍女们也成为新吉原的有力竞争对手。此外，天保改革期间发布的"奢侈禁制令"进一步削减了新吉原的客源，幕府又命令所有的违法妓院必须搬入吉原地区。在上述诸多因素的共同影响下，新吉原花街开始走向衰落。

新吉原最为头痛的问题是妓女的放火行为。在19世纪，新吉原地区曾先后十三次被彻底烧毁，这在火灾频发的江户亦属少见。新吉原地区发生火灾大多是因妓女放火。妓院经营不景气，妓女的待遇也随之恶化，连妓院经营者都意识到对妓女的肉体惩罚与经济压榨惨无人道。不正当竞争逐渐成为常态，有的妓院强迫妓女"连续服务六七位客人"（《藤冈屋日记》第四卷）。嘉永二年（1849年），为梅本屋佐吉工作的十六名妓女一同放火。为了让人立刻发现火势，妓女们选择在二楼面向大街的一侧放火，放火后立刻向官吏自首，控告妓院经营者的惨无人道之举。调查报告记载，妓女们蒙受各种暴力与残忍虐待，"此生终归一死，不如放火以示愤怒，再依法受罚"（《梅本记》三）。妓女们的激烈反抗让妓院经营雪上加霜。

宽政十二年（1800年）以后新吉原花街火灾情况表

年 份	受灾情况	起火地点及火灾原因
宽政十二年（1800年）	吉原全町	田圃龙泉寺町
文化九年（1812年）	吉原全町	龙泉寺町非人领袖全七的小屋
文化十三年（1816年）	吉原全町	京町一丁目海老屋吉助（及同町左八店明屋）
文政四年（1821年）		○ 丰菊（十五岁）放火
文政七年（1824年）	吉原全町	京町二丁目林屋金兵卫（妓院）
文政十一年（1828年）		○ 花鸟（十五岁）放火
文政十二年（1829年）		○ 清桥（二十七岁）、濑山（二十五岁）放火

年　　份	受灾情况	起火地点及火灾原因
天保二年（1831 年）		○ 伊势歌（二十二岁）放火
天保四年（1833 年）		○ 吉里（十七岁）、藤江（二十六岁）、清泷（二十五岁）放火
天保六年（1835 年）	吉原全町	角町界屋松五郎（妓院）
天保八年（1837 年）	吉原全町	○ 江户町二丁目丁字屋（源太郎）
弘化二年（1845 年）	吉原全町	○ 京町二丁目川津屋妓女玉琴（十六岁）等三人放火
嘉永二年（1849 年）		○ 喜代川（二十五岁）放火 ○ 代春（十五岁）放火 ○ 京町一丁目梅本屋佐吉的十六名妓女放火
嘉永五年（1852 年）		○ 玉菊（三十五岁）放火
安政二年（1855 年）	烧破屋顶吉原全町	京町一丁目是本屋町兵卫仓库安政大地震导致火灾
安政三年（1856 年）		○ 梅枝（二十七岁）放火
万延元年（1860 年）	吉原全町	江户町二丁目纪字屋六太郎
文久二年（1862 年）	吉原全町	京町一丁目后街（及京町二丁目）
元治元年（1864 年）	吉原全町	江户町一丁目大口屋文右卫门宅邸
庆应二年（1866 年）	江户町一、二丁目，扬屋町，京町一、二丁目，角町等	○ 江户町一丁目大枡屋的妓女重菊放火
明治四年（1871 年）	新吉原全町	江户町二丁目里俗伏见町豆腐店泷泽正藏宅邸
明治六年（1873 年）	新吉原全町三百四十五户	1 月 11 日

注：参考宫本由纪子《吉原临时营业点考察》制成。标○者为妓女放火而引起的火灾。

第二节　支撑花街的金融与人口买卖

佛光寺的贷款

　　妓院收购一名妓女一般需要耗资三十两左右，具体金额因妓女的年龄与外貌而略有不同。被称为"大籬"的高级妓院一般拥有一百余名妓女，其经营本金相当于今天的数亿日元。最底层的妓院被称为"局游女屋"，一般只有数名妓女，但即使如此也需要相当数额的前期投资。为新吉原的妓院提供资金的是"寺社贷款"。"寺社贷款"原本是皇族、摄关家、高规格的佛寺神社以及"御三家"大名以建设堂舍为理由实施的金融借贷。18世纪以后，这种借贷普及至庶民，逐渐成为运营妓院的重要资金来源之一。

　　京都净土真宗本山[1]之一的佛光寺便经营着此类借贷服务。佛光寺在江户浅草寺之南的御扫除宅邸设立借贷处，派遣寺院的管理者专营借贷业务，从新吉原的妓院经营者到一般庶民都会前来贷款。自享保年间起，幕府原则上不再受理民间借贷中发生的诉讼冲突，但寺社贷款却是例外，寺社

1　本山指日本佛教宗派中最重要的寺院。

奉行会参与讨债，因而对放贷者而言，寺社贷款的安全性很高。北信浓幕府领中野代官所管辖区的豪农们也向佛光寺投资，由佛光寺代其经营借贷业务，山田庄左卫门就是投资人之一。明治维新以后，山田庄左卫门成为长野县数一数二的大地主，其家中留存着若干寺社贷款的相关资料，研究这些资料可以发现，佛光寺放款对象的一半都是妓院经营者。

被视为财产的妓女

申请贷款时，借款人必须先出具担保。研究现存的担保书可见，一般的町人往往将土地、房屋、茶屋经营权等作为担保。与此相对的，妓院的担保物清一色都是妓女。

后页照片为安政六年（1859年）五月，新吉原京町一丁目妓院经营者春本屋兼次郎贷款三十两的借贷契约书。春本屋属于中偏下等级的妓院，被称为"惣半籬"。借贷契约书中以"安政三（辰）年七月至来戌年正月，计五年六月。一、妓女 若松 三十两"的形式，记录还贷期限与妓女身价，将妓女若松、一本、住江三人当成了担保物。

值得注意的是，妓院将妓女的身体视为财产。一般情况下，妓女都是被父母兄弟出售给妓院，被迫卖春的女性。但也有为了丈夫和父母，自愿投身妓院工作的女性，例如歌舞伎《假名手本忠臣藏》中的阿轻。即便是自愿提供性服务，

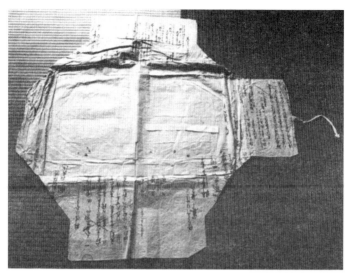

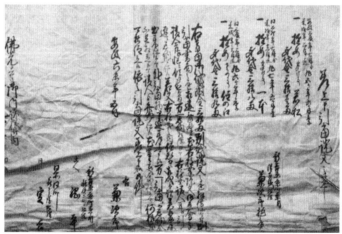

（上方照片）山田家保存的寺社贷款相关资料。（下方照片）京町一丁目妓院经营者春本屋兼次郎提交给佛光寺的契约书，若松、一本、住江三名妓女被作为担保物（二者均收藏于中野市立山田家资料馆）

试图换取等额报酬的女性，只要成为妓女，其人身就与土地、房屋一样，成为妓院可以变卖或兑现的财产。无论妓女情愿与否，妓女的身体作为房屋、榻榻米、门窗的等价物在市场上广为流通。上述借贷契约书如实地展现了上述事实。

被视为商品的妓女肉体

一般而言，担保物必须是可以兑换成现金的物品。只有专业的中间商才有能力买卖妓女，借贷人就算得到妓女也无法转卖或利用。佛光寺的借贷契约书中，贷款方代表人是关斋宫，此人是佛光寺派遣的借贷业务专员。如果借款方无力偿还贷款，须将妓女转交给关斋宫，他自然无法妥善管理这些妓女。

实际上，借贷契约书中还设有保证人一项，春本屋兼次郎借贷的保证人是与其相邻的妓院主橘屋纲平。如果春本屋兼次郎无力偿还贷款，则橘屋纲平有义务代替其还款，但作为担保物的妓女则成为橘屋纲平的囊中之物。橘屋纲平既可以让妓女为其工作，也可以转手卖给其他妓院。因此，借贷人和保证人会根据每一名妓女的卖身本金、卖身年限、美丑、人气等要素，磋商妓女的价值。在新吉原，各家妓院互帮互助，有着极强的凝聚力，妓女的买卖正是建立在这一基础之上。

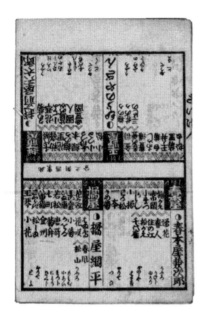

安政七年（1860年）的《新吉原详图》。向佛光寺借贷的妓院经营者春本屋兼三郎的保证人是与其相邻的妓院主橘屋纲平。妓院经营者间的紧密联系由此可见（国立国会图书馆藏）

江户幕府虽严禁贩卖人口，却从不追究买卖妓女的行为。这是因为只有花街的妓院、旅店街的侍女旅店、港口的洗衣店、违法的暗娼店以及倒卖妓女的中间商等将妓女的肉体作为商品的专营者才有权贩卖妓女。换言之，妓女的买卖是局限在上述人群构成的小社会中的特殊行为。

近世的身份等级制社会允许身份集团内部具有一定的闭塞性，允许其进行自我管理。幕府并不会统一管理每一个身份集团的内部事务，这不仅限于卖春行为。虽然买卖妓女在实质上是贩卖人口，但是在其他身份集团的人看来，妓女的行为属于劳动契约的管辖范畴。正因如此，才会有百姓、町人阶层的家父长将女儿、妻子卖到妓院。此外，拥有国家权威的朝廷和幕府、拥有宗教权威的寺社醉心于放贷收益，靠经营土地致富的豪农渴求低风险投资机会，这些要素都在客观上助长了妓女买卖行为。

明治五年的娼妓解放令

明治维新后，新政府的政策与江户幕府基本相同，因而花街并没有立刻发生变化。明治元年（1868 年）十月，新政府下令在筑地建设新岛原花街。筑地是与横滨规模相似的外国人聚居区，在此开设花街主要目的是吸引外国人。然而，造访新岛原花街的外国游客人数远远低于预期，结果新岛原花街在两年后便难以为继，所有妓女和男女艺人共计一千九百二十五人，全部转移至新吉原（《都史纪要 4 筑地居留地》）。

在新岛原花街倒闭之后，新吉原重新拟定了妓院规章。规章中记载道，新岛原、新吉原都有大量经营困难的妓院，"或（对妓女）施加酷刑，或不给食粮。有时只给妓女少许劣质食粮，反致妓女生病，亦不请医者探诊"。受尽虐待的妓女们伺机放火，花街的经营因火灾雪上加霜，陷入了难以摆脱的恶性循环。因而新吉原决定加强对妓院的管理（《东京府史料》四十四）。可见，在明治维新之后，花街依旧处于风雨飘摇之中。

明治五年（1872 年）十月二日和十月八日，新政府连续发布两道"娼妓解放令"（明治五年太政官布告第二九五号和司法省第二十二号，后文合称解放令），花街的状况自此发生了根本性变化。

解放令的核心在于：①禁止以定期雇佣为名，买卖并虐待妓女。②农工商业中，以学习技术为目的的佣工一期最长七年，除此以外的佣工一期最长一年。③解放一切娼妓、艺妓，不受理与此相关的任何财产诉讼。总体而言，法令的主要目的在于禁止贩卖人口。此后，政府只允许基于本人自由意愿的卖春行为，妓女统称"娼妓"，妓院经营者被称为"租屋管理者"，负责为妓女提供服务场所。

司法省的第二十二号令发布于太政官布告的六天后，其意义在于明确卖身为违法交易。如有因妓女被解放而向政府抱怨金钱损失者，反会被没收所得。"娼妓艺妓，人身权利尽失者也，有若牛马。人求赔偿于牛马，于理不容。故借于艺妓娼妓之金银，并滞纳金等，皆不需偿还。"新政府按上述逻辑，禁止向艺妓、娼妓追还卖身钱。

第三节　不愿为娼——妓女阿悴的挣扎

竹次郎事件

本节将以妓女阿悴为例，分析明治维新对妓女造成的影响。

阿悴是隶属于三州屋的妓女，三州屋位于新吉原京町二丁目势喜长屋地带。新政府发布"娼妓解放令"之后，阿悴获得了人身自由。阿悴出生于越后国蒲原郡卷野东汰上村（现在的新潟市西浦区）的百姓家庭，父亲名叫忠七，母亲名叫阿弓。不同史料对阿悴年龄及卖身地的记载略有差异，大致而言，阿悴七岁时被卖给了下野国日光例币使街道合战场宿的妓院福田屋，十三岁时以七十五两的价格转让给品川宿红屋，规定服务期为十年，但是一年半后又被以七十五两的价格转卖给了深川西横町的低级妓院经营者桥屋政五郎，在此服务了七年。明治四年（1871年）十二月，阿悴被新吉原京町二丁目势喜长屋的低级妓院经营者三州屋国次郎以八十两的价格收购，规定服务期为五年八个月，但第二年十月二日就迎来了"娼妓解放令"。

低级妓院集中在京町二丁目的边缘地带。看守们手执铁棒守在路上，对不来光顾妓院的路人高喊"绕路走，绕路走！"（《守贞谩稿》卷之二十二，国立国会图书馆藏）

京町二丁目内的道路网十分密集，道路两侧聚集了数十间低级妓院。道路的中央设有屏障，保证外人看不到店内的状况。看守们手执铁棒守在路上，对不来光顾妓院的路人高喊"绕路走，绕路走！"面向道路的低级妓院内部被隔门分割出若干区域，每个区域大致能铺下一床被褥。有客人来店，妓女们就会关上门开始营业。

明治五年（1872年）正月版的《新吉原详图》是"娼妓解放令"发布前印制的最后一版吉原观光图。此版地图显示，京町二丁目中有全盛长屋、万长屋、稻毛长屋、势喜长屋四处低级妓院聚集的建筑群，势喜长屋的入口处就是三州屋花经营的妓院。经营者的名字不是国次郎而是花，应当是国次郎借用了妻子的名字，这种现象在当时并不少见。阿悴在此版地图发行的前一个月才被卖到三州屋，因此地图上并没有阿悴的名字。三州屋的妓女只有初梅、花里、琴浦、小菊、锦山五人，但此时阿悴应该已经在此服务。

幼稚的结婚请愿书

在三州屋服务了十个月后，新政府发布了"娼妓解放令"，阿悴不得不回到上一个主家桥屋政五郎之处。此时，政五郎已经不再经营妓院，转居在吉原附近的浅草花川户町。政五郎逼迫阿悴去别的地方工作，阿悴却向东京府提交请求，愿与新吉原京町一丁目海老屋的佣工竹次郎结婚，不再当妓女。东京府文书中的"娼妓解放"一册中，收录了竹次郎和阿悴提交的请愿书，请愿书表达了阿悴的真实情感。

直言请愿　诚惶诚恐

新吉原二丁目势喜长屋三州屋妓女阿悴，越后国蒲原郡卷野东汰上村人，幼名阿丰，父为百姓忠七。七岁之时卖予下野国合战场宿福田屋，十五岁之时卖予东京深川桥屋政五郎。至去年十二月十四日共侍七年，十二月十五日卖予新吉原三州屋，侍五年八个月，计八十两之契也。今闻解放令，欣喜万分。吾等向来情深意切，望为夫妇。与政五郎议及此事，政五郎曰无十五两不可成婚。吾等自无十五两，愿偿食费并些许之财。政五郎不从，曰今日即往吉原升屋（妓院）。阿悴不愿为娼，万望大人慈悲，准其还良，全吾等之愿。

吉原京町一丁目　海老屋吉助　佣工　竹次郎（拇指印）

阿悴（拇指印）

（贴纸）"村上权典事殿御谈"

　　阿悴在请愿书中介绍了自己从七岁时卖身直至成为新吉原妓女的经历，表达了对"娼妓解放令"的欣喜之情，然而主人政五郎却说若要同竹次郎结婚，必须付款十五两，用于偿还解放令颁布后半个月期间阿悴的伙食及日常生活费用。阿悴说可以交出饭费和少许金钱，政五郎不同意，要求阿悴去新吉原的妓院升屋卖身。阿悴却表示无论如何也不愿再做妓女，希望还良结婚。请愿书末尾署上了竹次郎和阿悴两个人的名字，上呈至东京府。

　　东京府的官吏看到这封请愿书时，恐怕是苦笑连连。在专门处理请愿书等行政文书的官员看来，这封请愿书的格式散乱，内容也极其幼稚。请愿书题目使用的是口语说法，篇中错字频出，写错的地方被直接涂黑，曾在寺子屋[1]学习过的人一般不会犯此等低级错误。当时，政府正忙于处理"玛丽亚·路斯"号事件，对政府而言，此事件是有关国内、国

---

[1]　江户时代的初等教育机构，以教授读、写、计算技能为主。

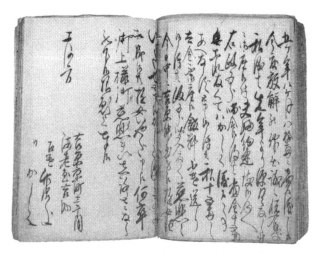

阿悴和竹次郎上呈东京府的请愿书（部分，东京公文书馆藏）

际形势的重大难题。如果不是在"娼妓解放令"刚刚发布的
时间点上呈这封请愿书的话，请愿书很有可能被随手扔掉，
或被驳回，自然无法流传至今日。

　　最大的问题是，竹次郎在签名处按下了拇指印。女性用
拇指印较为普通，但是男性使用拇指印是极为罕见的。可见
竹次郎本人未立门户，也没有监护人或男性亲属为其联名上
诉。请愿书以竹次郎的口吻书写，但不知是竹次郎本人亲笔
书写，还是同情竹次郎与阿悴二人的朋友代为书写。无论如
何，这封请愿书向我们展现了不熟悉公文写作的妓女、佣工
及其周边人群的真实愿望。

　　收到这封请愿书后，第五大区小八区户长福岛正义听取

了阿悴和政五郎的证词，并留下了证词记录。根据证词记录，竹次郎第一次拜访政五郎，请求与阿悴结婚之时，政五郎以"竹次郎身为佣工，未立门户，产业未定，前途未卜"为由，拒绝了竹次郎的请求。因此，竹次郎与阿悴决定直接向东京府请愿，呈上了上述请求书。请愿书的末尾附着写有"村上权典事殿御谈"的贴纸，意味着东京府的官员通过口头命令，驳回了这封请愿书。

虽然文章幼稚，且请愿以失败告终，但"不愿为娼"一句，传达了当事人的急切心情。阿悴从小举目无亲，长期生活在性服务行业的圈子之中。在二十二岁迎来解放令之前，阿悴生活在监视与暴力之中，被迫出卖自己的肉体。"娼妓解放令"为阿悴带来的喜悦与希望是难以言表的。

然而"娼妓解放令"发布后，阿悴还是要缴纳十五两才能获得自由，否则就要立即去新吉原升屋再做妓女。政五郎的态度粉碎了阿悴的"解放"美梦。涌上阿悴心头的是"不愿为娼"的哀嚎与对政五郎的愤怒。阿悴的心情打动了非亲非故的佣工竹次郎，是以竹次郎才大胆地直接向东京府投书请愿。

政五郎的应对措施

阿悴和竹次郎的请愿虽被东京府驳回，但政五郎却感到可能失去阿悴。明治五年（1872 年）十二月二日，政五郎制作了一份借款证书，放款人是三州屋国次郎。证书中将政五郎写为阿悴的养父，内容是"吾之养女，此番真心愿为妓女"。因为家中贫穷无衣可穿，阿悴恳请国次郎借款十五两，阿悴卖春收入用于偿还此款。

政五郎和三州屋国次郎无论如何都要保持阿悴的人身所有权，因而在借款证书中融入了两项避免娼妓解放的要素。第一，政五郎与阿悴的关系为养父女，属于户主权适用范围。第二，"娼妓解放令"发布半个月后，阿悴自己向三州屋借款十五两（相当于今日一百万日元），因而必须承担偿还义务。"娼妓解放令"规定，命令颁布前的卖身费无需偿还，但颁布后的借款则按规矩偿还。在阿悴看来，半个月的伙食费及生活杂费居然要十五两巨款，这笔钱最终会落入"养父"政五郎之手，自己却被债务束缚。

近代以后，户主权和债务一直是束缚妓女的两大要素，政五郎的借款证书堵在了阿悴通往自由的道路上。

菊次郎事件

阿悴不得不遵从政五郎命令，前往三州屋为娼。明治六年（1873 年）一月十一日夜晚，新吉原发生大火，三百四十五户全部被烧毁。三州屋国次郎带领着妓女阿悴外出避难，一月十四日早晨，阿悴带着所有物品趁乱逃跑，躲到了一直关照她的常客深川第六大区小十五区东扇桥町理发师石原菊次郎的家中。菊次郎是深川东大工町二号店理发师糟屋定吉的弟子。阿悴向菊次郎诉说了自己的心愿，菊次郎却提出了不同意见。

菊次郎的意见并无史料记载。理发师在江户时代属于底层人员，菊次郎对阿悴的回答应当是"如果帮你逃跑，我自己就要锒铛入狱。我地位卑微，也没有为你赎身之财。你虽然可怜，但还是回去为好"。阿悴在菊次郎家住了一周左右，一月二十日，阿悴又回到了三州屋。

然而，二十八日早晨，阿悴又带着随身物品跑到了菊次郎家中。二月二日，阿悴与菊次郎向东京府起诉，要求获取人身解放并结婚，诉状如下：

> 一月二十八日（中略）阿悴前来商谈，因恐劳烦大人，故请菊次郎师尊定吉前往浅草花川户第五大区桥屋政五郎处详谈，愿偿借款，政五郎不从，反言欲对簿公堂。菊次郎只得求于深川扇桥町町官后丁音藏，町官却拒不过问，只得恳请东京府（后略，《娼妓解放》二）。

菊次郎被阿悴的诚意打动，愿意以结婚的方式解救阿悴，于是先找师傅定吉咨询。定吉答应替菊次郎调解，亲自去拜访政五郎。近世的民事纠纷原则上可以进行庭外调解，这一习俗一直延续到明治维新之后。

定吉表示可以立即偿还阿悴的十五两借款，此借款对菊次郎来说是无法负担的。然而在近世，从事同一工作的町人在生活上往往会互相帮衬，这一倾向在近世町人师徒间十分明显，为数不少的师傅愿意将营业权（包括开设店铺和上门服务）传给弟子。显然，没有师傅定吉的经济支援，菊次郎无法替阿悴还清欠款。

虽然菊次郎表示立即偿还政五郎提出的不正当借款，但政五郎依旧不同意，甚至威胁说要对簿公堂。走投无路的菊次郎不得不向町官后丁音藏告状，后丁音藏却拒绝受理，可见基层的行为与娼妓解放的指示完全相反。菊次郎尽全力为阿悴赎身，却处处碰壁，二人只好向东京府上诉。

阿悴的申诉

阿悴不断寻找结婚对象以求还良，甚至不顾妓院经营者的暴力惩罚，趁火灾逃跑，究竟是什么驱使她做出如此大胆的行为呢？阿悴在诉状中陈述如下：

> 明治四年十二月，三州屋国次郎以金八十两购得妾身五年六个月，去年解放令发布，妾无亲无故，只

得归桥屋政五郎处，后政五郎以妾之名义，借金十五两于三州屋，以妾身为抵，借金日积，妾再无安生之日（后略，《娼妓解放》二）。

"以妾身为抵"意味着阿悴的人身自由被作为借款的抵押物。诉状中，阿悴对不经当事人同意的上述行为表达了强烈的不满。

针对菊次郎和阿悴的上诉，二月三日，新吉原所在地第五大区十二小区的户长组织了调查，并向东京府上交了报告书。报告书认定十五两借款为阿悴本人所借，换言之政五郎制作的借款证书发挥了作用。二月五日，五名当事人菊次郎、糟屋定吉、桥屋政五郎、阿悴、三州屋国次郎与深川东扇町、深川东大工町、浅草花川户町、新吉原京町二丁目的官吏联名向东京府上呈了最终调解决议书。调解结果是，政五郎将阿悴带回家，菊次郎不得与阿悴结婚。

政五郎获得的十五两（解放令发布后一个月的借款，实际上为卖身费）被认定为阿悴本人的借款，他需要把该款还给阿悴。然而，国次郎却说阿悴再次逃跑前几周已经支出了三两二分二朱，此外还有各种杂费。即使阿悴手中有十五两，减掉这些杂费后，依然无法偿还借款。阿悴此后的境遇再无史料记载。

第四节　舆论的变化

社会底层人群的自尊

从妓女阿悴的经历可以读取诸多信息。第一，债务与户主权可以有效控制妓女的人身自由。第二，最终调解需要户长和町官参加，因为地域社会对维持花街秩序有着自发需求。第三，竹次郎与菊次郎虽然出力解救阿悴，但是他们对遍及江户各地的性服务行业并无批判意识。他们虽然都属于都市底层民众，但却与时常光顾花街的武士、商人一样，对新吉原的淫乱状况熟视无睹。

正是因为所有人都将花街视为合理的存在，不存在近代以后舆论对娼妇的轻蔑，所以竹次郎等人才会利用结婚等各种方式，竭尽全力地试图解放阿悴。阿悴本人虽然非常厌恶卖春行为，但却并不觉得自己被玷污，也不认为卖春是无法向他人启齿的羞耻之事。因此，阿悴才会满怀自尊，直接向东京府请求准其结婚。阿悴的这一行为源于近世社会对性服务行业的默认态度，是东京底层劳动阶层对自我价值的肯定。

花街秩序的崩溃

虽然阿悴的愿望最终没有实现，但解放令发布后妓女们的要求与行动将花街推向了崩溃的边缘。庆应三年（1867年）四月，新吉原五町总人口为六千九百二十一人，其中妓女有四千一百五十人（《藤冈屋日记》第十五卷）。解放令发布后的明治五年（1872年）十一月，三十名妓院经营者代表向东京府上呈了请愿书，请愿书中提到，被解放的妓女高达三千五百余人，回到新吉原继续工作的不到十分之一。虽然很多妓女举目无亲，被解放也只能回到转卖自己的商家之处，但九成以上的妓女无论如何都要先离开新吉原。

此后，虽然妓院改称租屋，但妓女极度紧缺的状况并未改变。根据解放令，卖春必须出于本人的自由意志，因而卖春与否全凭妓女本人决定。妓女中甚至有人"剃清眉毛扮作良家妇女，不往收养人家，却去有情人之处，或与熟客私会于旅宿"（《娼妓解放》二）。少数选择留在花街的妓女中，有人将"每日收入尽寄予父母"（《娼妓解放》二）。妓女可以自我管理收入，不管是自愿贴补父母，还是父母榨取女儿的收入，对经营者而言，妓女已经不再是可以随意用来压榨利润的私人财产。

此后很长一段时间内，妓院经营者一直因妓女可以自由

解放令发布后，不断有妓女离开新吉原花街。上图是扬州周延画作《吉原卖女解放退散杂踏图》，出自宫武外骨《明治奇闻》

选择妓院而苦恼不已。妓院的等级决定了妓女的生活条件与提成。解放令发布后，选择留在花街的妓女开始集中到条件更好的妓院，规模较小的妓院被推向破产边缘。中小妓院与高级妓院的冲突日趋激烈，花街内的统治秩序开始走向崩溃。

基于"自由意志"的卖春行为

虽说二百六十年间没有发生战争，但江户依然是日本最大的军事据点，执行严格的兵农分离与参勤交替。幕府不仅允许开设花街，而且默认四大旅店街的卖春行为，试图通过赋予性服务集团以职能与特殊权利，管理都市的性秩序。幕府认识到要将大量单身的武士和武家佣人组织为军事力量，性服务业必不可少。本章开头介绍了幕府遗臣大久保一翁向东京府建议每町开设一所妓院，正是这一统治逻辑的延伸。

然而明治维新之后，基于职能与特殊权利的统治结构已不符合时代要求。至明治四年，以国役、公役为代表的各种职能与特殊权利相继废除，身份等级统治走向瓦解。就算没有妓女们四处放火，花街也不可能逆政治潮流而动，成为唯一的身份等级统治区域。

与此相对的，以萨摩、长州为首的藩阀政府高官们也与幕府遗臣一样，非常熟悉花街的统治秩序与功能，因而维新后不久又设置了新岛原花街，试图继续从花街榨取税赋。然而，明治五年（1872年）夏天，横滨发生了"玛丽亚·路斯"号事件。中国苦力从船上逃跑引发了司法诉讼，欧美解放奴隶与娼妇的宣传影响了日本舆论，"娼妓解放令"正是制定于这一背景下。解放令转变了近世以来的统治制度，妓院无法将妓女的身体作为财产使用，只能为自愿卖春的妓女提供场所。妓院与妓女间的人身依附关系被强制分离，法律不再承认任何形式的强制性卖春。虽说并非所有妓女都是基于自由意志，但近世以来的花街统治秩序被彻底否定。总而言之，对花街而言，明治维新通过打击近世以来的身份等级统治秩序，最终使花街土崩瓦解。

从被迫卖春到卖淫

明治八年（1875年），东京府发布"第三十二号"通知，全文均标有读音，应当是为了让所有民众都能阅读理解（《取缔会社一件》）。通知第十四条"取缔密卖"中，第一次出现"隐卖女"一词，根据政府对这一词语的标音可以判断，该词的词义不是暗中卖春，而是暗中强迫女性卖春。在江户时代，所有的妓女都有自己工作的店铺。新吉原的妓女在妓院，品川等四大旅店街的侍女有旅店，最底层的暗娼也有"夜鹰屋"。换言之，无论是高级妓女还是暗娼，都是在拥有其人身权利的主人意志下卖春。基于这一认识，东京府使用了"隐卖女"一词。

即使在江户时代也有不少自愿卖春的女性，然而由于有幕府授权的花街集团存在，这些女性无法找到向可流动性人群提供性服务的稳定营业空间，无论是在室内还是室外。在中世，卖春与表演联系紧密，妓女可以不从属于任何组织而自由营业，与近世存在极大差异。

近代和近世的卖春行为又有何种不同呢？明治九年（1876 年）发布的太政官布告第一号有如下内容：

> 废除私娼街条例，警视厅及各地方官负责取缔并严惩卖淫行为，特此公告（明治九年《法令全书》）。

布告虽然很短，但自此开始，政府的公文书中频繁出现

"卖淫""阴卖女""淫卖女"等词汇。从布告的措辞可见，政府虽然依据解放令将卖春视为妓女的自由意愿，但将违法的私娼定性为"秘密卖春的女性"和"卖淫的女性"。换言之，无论公娼私娼，不再有强迫卖春者与买春者。妓女成为卖春行为的主体，可谓近代日本对卖春行为的重新定义。

政府对卖春的新定义被一般大众广泛接受后，社会舆论对妓女的态度发生了根本变化。虽然近世也有人蔑视妓女，使用"卖女"等歧视用语，但明治维新之后，对妓女的同情、通感与憧憬消失得无影无踪，蔑视成为主流。这种蔑视导致卖春经历成为妓女无法洗去的污点，让妓女本人也蔑视自己。妓女因而被逼成了无法为自己发声辩解的卑微存在。花街的明治维新，也是妓女社会地位发生变化的起点。

第五章
屠宰场的人们

第一节　弹左卫门统治的终结

关八州"秽多"之首领　弹左卫门

明治维新给长久以来饱受歧视的社会阶层也带来了巨大影响。本章以肉食品加工行业为中心，探讨明治四年（1871年）的"贱民废止令"颁布后，饱受歧视的贱民们是如何度过明治时代的。

在江户时代，负责处理死牛死马的皮革以及处决犯人的人们不会与一般百姓杂居，而要建立独立的聚居区，从事农业与皮革加工业。这一人群在近畿地区与西日本被称为"皮多"，在关东地区则被称为"长吏"，到了近世后期才出现"秽多"这一歧视性用语。此外乞讨人员也组成自己的集团，称为"非人"，非人中又因地域与乞讨方式不同而分出数个小集团，例如通过表演或行巫术乞讨的夙，以及猿饲、大黑舞、笈等。

在关东地区，弹左卫门于江户浅草设立机构，负责统管关东八州以及伊豆、骏河、甲斐、陆奥部分地区的贱民。宽政十二年（1800年），有七千七百二十户贱民接受弹左卫门统治。在关西地区，皮多和非人形成了各自的身份等级集团，但江户的非人在近世后期归属弹左卫门管辖。弹左卫门下设车善七、松右卫门、善三郎、久兵卫四名非人头领，分别管理江户市中、品川、本所深川、山手四个区域的乞讨人员。此外，人数较少的猿饲也归弹左卫门管辖，猿饲为耍猴艺人，一般在正月等节庆日靠耍猴获取钱财。

弹左卫门的统治

19世纪初期，弹左卫门管辖的户数约为二百三十（《宽政享和撰要类集》），聚居在浅草寺东北方向的浅草新町，占地约为一万三千五百坪。弹左卫门也将宅邸设置于此，以此为据点管理关八州的贱民。对于贱民内部民事纠纷与刑事案件，弹左卫门拥有审判与刑罚权，其宅邸内设有法庭和监狱，町内也设有办事处。

浅草新町是弹左卫门属下贱民的工作据点，皮革批发店和包皮木屐批发店（文化七年共有七间）聚集于此，除此之外还有灯芯的专卖机构灯芯会所，负责管理下总国三村制作灯芯用的兰草。幕府承认弹左卫门拥有经营上述产业的特殊权利，以此作为弹左卫门的俸禄。

浅草新町需要承担的公共事务极为丰富。明治元年（1868年），弹左卫门改称弹内记，归东京府管辖。弹内记的上奏文中提到，下属贱民除须上缴被称为"绊纲钱"的税银外，承担的公共事务包括更换鼓皮、上贡灯芯、执行刑罚、为町奉行所服杂役、捉拿并收容管理无家可归者、处理溺死者的尸体、看守町奉行所监狱、接送囚犯等等。通过这些公共事务，贱民们行乞及获得死牛死马的特殊权利得到了维护，弹左卫门的统治也因此强化。

江户末年，幕府试图更充分利用弹左卫门及其属下，弹左卫门也希望通过扩大公共事务的管辖范围实现身份等级的提高。元治元年（1864年）町奉行所监狱和品川收容所失火之时，弹左卫门宅邸内的监狱临时关押了大量囚犯。两年后发生了第二次长州战争，幕府以弹左卫门关押囚犯任务完成良好为由，要求其派遣五百名强壮男性参战。庆应四年（1868年）正月，幕府军兵败伏见鸟羽，为获取兵源，幕府同意提升弹左卫门及其手下的身份等级。弹左卫门自发向幕府申请建立火枪队，表示愿意提供一个大队兵力，同时自费组建并训练一百名火枪手为幕府作战。

在戊辰战争中，幕府被逼上了绝路，才会提升弹左卫门等人的身份等级，这并不是对身份等级制的否定，而是以身份等级制为前提的策略。而弹左卫门也遵循身份等级体制框架，试图通过承担额外的公共事务换取新的特殊权利。虽说弹左卫门的行动遵循了长久以来的身份等级秩序，却也体现出对社会歧视的强烈反感，因而强烈希望承担更多公共事务，为幕府做贡献，以实现身份等级的提高。

贱民废止令

明治元年（1868年）东京府成立后，弹内记成为东京府官吏，继续负责开设并经营贫民救育所、行刑、运营监狱等事务。原属于弹左卫门统管的秽多、非人也基本沿袭旧规，交由弹内记管理。然而，明治四年（1871年）三月，死牛死马的皮革专卖权被废除，贱民等级特殊权利的核心被新政府剥夺。废藩置县后，新政府权力日益增强，废除贱民等级提上了政治日程。明治四年八月二十八日，新政府发布了"贱民废止令"（1871年太政官布告第四四八、四四九号）：

> 废除秽多、非人之称，今后身份职业均与平民同
>
> 府县
>
> 废除秽多、非人之称，编入一般民籍，身份职业均与平民同待。地租等税赋，若有减免之惯例，应详加调查可否修正，并咨于大藏省。

贱民废止令废除了"秽多""非人"等称呼，过去的贱民在身份等级与职业选择上获得了与平民同等的待遇。值得

注意的是，贱民废止令不仅废除了称呼与死牛死马皮革的专卖特权，而且禁止同一身份等级者聚居一处，可谓极其大胆的变革。新政府在阐述上述原则后，指示各府、县平等对待贱民，如有免除贱民地租等税赋的通例，则须调查是否有修正的余地，最后一并上报大藏省。

针对发布贱民废止令的原因，学界往往从户籍法和地租改正的角度出发，研究三者的相关性。然而，无论是户籍还是地租都不过是单一的政策，新政府不会为某个政策的顺利实施而废除身份等级制度。新政府意识到，在维持身份等级制的前提下，任何近代化的改革政策都难以推进，才会彻底否定依靠身份等级管理的近世统治秩序。

贱民废止令发布后不久，弹直树（贱民废止令发布前一年，弹内记改称弹直树）向关八州的下属发布了最后一份通知，命令最后盖上了江户时代弹左卫门役所的公章。通知中简单易懂地讲解了贱民废止令会带来何种变化（《东松山市史》）。

> 如前番通知所言，过去管理之村组全员，今后与平民同样。先前之支配终于此。今后诸事，皆由地方官厅所辖，兹请注意，勿生龃龉。
>
> 辛未　直树
>
> 九月十七日　元役所印

通过这份通知，弹直树明确告知属下，自己对贱民集团的统治已告终焉，此后再无贱民、平民之分。弹左卫门一直靠承担公共事务维护身份等级特权，最后却不得不发出"先前之支配终于此"的通告，其悲痛之情不难揣测。

众所周知，明治维新后弹直树开始经营制靴产业。贱民废止令发布前一年的明治三年（1870年），弹直树从欧美引进先进技术，与新政府签订军靴制造合同，全身心地投入皮靴制造事业。然而新政府却突然终止了合同，明治七年（1874年），在三井组北冈文兵卫的斡旋下，皮靴经营权交给了政商三井，弹直树丧失了主导权。明治二十二年（1889年），弹直树在弥留之际留下如下话语：

> 如今数百实习生皆已熟练，全国广设皮革厂，靴类制造不乏人才，吾等毕生之志，得以实现（《皮革产业沿革史》上卷）。

可见，近世的身份等级制解体之后，弹直树依然靠皮革处理技术活跃于明治社会。弹直树与其属下拥有开办新产业的财力和技术。但一般的贱民既无财力亦无技术，他们又是如何度过社会变革期的呢？

第二节　牛肉产业的诞生

牛肉需求激增

明治维新后，包括贱民在内的所有社会阶层都必须在旧有的身份等级制框架外寻找谋生之路。本节以高速发展的牛肉产业为中心，聚焦贱民与作为町人的牛肉商之间的互动关系，结合政府、警察等公权力的动向，探讨明治维新对过去的贱民产生了何种影响。

安政六年（1859 年），神奈川（横滨）、长崎、箱馆开设为自贸港。不久后，外国人开始在自己的房屋内宰牛以供食用。明治维新后，文部省所管辖的大学南校雇用了外籍教师，为了满足这些教师的需求，特意饲养了数头牛。此后，食用牛肉的需求激增，明治八年（1875 年）全年屠杀肉牛五千六百九十八头，下一年则为五千七百五十二头，明治十一年（1878 年），肉用牛则攀升至七千零三十七头。其中，近江、伊势出产的牛占七成，东北产占二成，均通过船运送往横滨。即便是这样也不能满足需求，房州和伊豆也开始兴办畜产业。

众所周知，日本的牛肉产业起源于明治维新之后。但明治维新后，牛肉产业究竟是如何兴起的呢？要了解这一点，必须先研究政府特许的牛肉公司的发展轨迹。

牛肉屠宰特许公司的创建

明治八年（1875年），牛肉批发商福井数右卫门等人在文部省的指导下，成立了牛肉屠宰特许公司，自此政府开始积极干预牛肉产业。当时的牛肉批发商一般直接与牛肉产地的中间商进行交易，用现金预付购牛款，待屠宰之后，将牛肉转卖给零售商。政府命令福井数右卫门在现有的浅草新谷町屠宰场中，建立牛肉屠宰特许公司（也可称会所）。公司的主要职责是保证牛肉品质，需要甄别病死牛、防治兽类传染病以及管控屠宰产生的异臭。政府积极培育本国肉食品产业的主要目的是抑制境外肉类走私，避免外国人以贩卖牛肉为名深入日本腹地。

牛肉屠宰特许公司从牛肉批发商中选出数名管理人员，负责检查、管理整个东京府的牛肉产业。在公司指导下，屠宰场内建起了可以容纳二百五十六头牛的牛棚，贩卖马牛羊肉的市场，将内脏、骨头、角加工成肥料的兽类化学工厂。零售商也归属公司管理人员管辖，公司将零售商分为牛肉锅店组和路边店组，在六大行政区均设置基层组织，让基层组织互相监督。牛肉锅店是指拥有供客人饮食空间的实体店铺，主要提供类似寿喜烧的牛肉料理。路边店则是在路边摆摊的商贩，主要出售卤煮牛肉和牛肉串。两类商人都有义务协助同行维护卖场秩序。

基于仲间关系的公司运营

牛肉屠宰特许公司统管东京府的活牛运输—屠宰—批发—零售全过程，却不是近代意义的公司，而是保留了近世经营传统的同行合作组织。首先，公司的管理层是从牛肉批发商中选举产生，管理层中的两人并列为首席执行官（日语称"取缔世话方"，其中一名是福井数右卫门），构成管理层的核心，负责整个公司的运营。管理层与首席执行官的产生方式与江户时代基于"仲间"关系的同行合作组织基本相同，管理层对其管理的商人并无绝对性权威。

其次，牛肉批发商将向政府官厅上贡牛肉、监督屠宰场状况视为"御用"职责，而征收屠宰手续费、管理肉类零售商、独占屠宰场经营权则被理解为特殊权利，是政府支付的报酬。商人们非常熟悉这一管理逻辑，因而将其延用至牛肉屠宰特许公司。最后，牛肉屠宰特许公司不仅管理屠宰场，而且要管理东京府的牛肉零售，这与江户时代通过"仲间"关系统管流通领域的体制如出一辙。明治政府建立牛肉屠宰特许公司的主要目的是避免病死畜肉与未经检查的肉类进入流通领域，因而并不认为建立类似江户时代"仲间"关系的组织有不妥之处。

基于身份等级逻辑的关系

值得关注的是，在现场屠宰牛的是过去的贱民，而贩卖牛肉的商人却大多来自江户时代的町人阶层。二者间的关系并非劳动者与经营者间的雇佣契约关系，而是身份等级制下不同身份集团间的关系。

虽然牛肉批发商管理着新谷町的屠宰场，但实际操刀的却是从前的贱民们。屠宰一般在晚间进行，为了保证肉的口感，需要立刻将皮与内脏割离，慢慢放净残血，将肉挂在通风处数小时，到早晨便可贩卖。此后，东京府对屠宰场进行了调查，发现"观屠牛之现状，其手法甚为精熟，场内毫无臭气"（《明治十五年回议录》），可见操刀屠宰的人们技术非常高超。

关西地区保存有《明治三十一年旧秽多村状况调查书》，调查书中记录贱民废止令发布后，有一群人"生计困难，故奋发图强，于东京地方开业，东京府下浅草区浅草新谷町新建家屋（中略），专营商工业"，这一人群的详细情况并未留下记录。虽然记录写道"于东京地方开业"，但曾经的贱民们绝非自己开设了屠宰场。贱民废止令公布后，大量贱民前往东京寻找工作机遇，而屠宰场正需要贱民们的专业技能，因而贱民们逐渐聚集到屠宰场工作。

屠宰场每天要屠宰数十头到一百头牛，为完成这一工作，既需要有指挥者进行劳动分派，又需要一定数量的熟练劳动力。按公司规定，"每日烧油工、屠宰工、小工"的整体报酬是"污秽杂物，夏冬平均金三分"（《明治七年居留地管理簿》）。换言之，操刀屠宰的集团与牛肉屠宰特许公司间结成了覆盖整个屠宰流程的承包关系。牛肉屠宰特许公司雇佣的是整个集团，不会干涉对方集团的内部事务，任由其自我管理，这正是近世"仲间"关系的固有特征。然而，牛肉屠宰特许公司给予对方的报酬却是极为低廉的"每日金三分"，可见曾经的贱民阶层在明治初年依然受到歧视。

警视厅的介入

明治政府与东京府最初想以牛肉批发商与零售商为基础，通过近世的传统手段管理、统治牛肉产业。然而明治十年（1877年）二月，警视厅制定了"诸兽屠场规则"和"卖肉规则"，宣布屠宰场必须交由警视厅直接管理，牛肉屠宰特许公司遭废除。除新建成的浅草千束屠宰场外，所有屠宰牲畜的行为皆为违法，新谷町屠宰场也被迫关闭。

警视厅对屠宰场的直接管辖并不以增加利润为目的，而是为将警察的管辖范围扩大至风俗、卫生领域。因此，屠宰场的实际情况受到了严重忽视，警视厅规定屠宰场仅可在早上八点至下午五点营业，负责管理屠宰场的官吏一到时间就锁门回家。此前，牛肉屠宰特许公司管理下的屠宰场一般工作到晚上十点，第二天黎明时刻就开始派发鲜肉，避免气温上升导致肉品变质。然而，警视厅最初将屠宰牛的时间规定为白天的五小时，后来又改定为下午一点到三点。下午一点到三点是肉类最容易变质的时间段，警视厅的管理方式毫不考虑屠宰业的实际情况，招致牛肉批发商和零售商的强烈反感。

屠宰场的民营化

明治十二年（1879 年）四月，警视厅宣布要将屠宰场卖给民营企业。此时，明治政府正在转变维新以来的殖产兴业政策，逐步将国家投资推进兴建的国营企业廉价卖给民间企业，推进全产业的民营化。明治十三年（1880 年），明治政府制定了"工厂民营概则"，第二年又设置了农商务省，由其负责变卖国有产业。屠宰场的民营化则走在了大规模民营化潮流之前。

政府出台国营产业民营化政策是因为民间企业兴起、政府财政紧缩、军事产业部门重组。但需要注意的是，廉价购得国营企业的往往是握有特殊权利的政商以及藩阀官僚的亲信。在北海道开拓使掌有的国有财产民营化过程中，千束屠宰场被卖给了鹿儿岛县士族久保之昌、从属政商三井的北冈文兵卫以及兵库县平民木村庄平，这一变卖案最终成为明治十四年政变的导火线。

木村庄平本为京都山城的百姓，在戊辰战争期间得以结交萨摩藩人士。明治十年（1878 年），当时的警视厅大警视川路利良召木村庄平前往东京，令其负责振兴畜产业，专门与牛肉批发商、零售商打交道。木村庄平的相关情况后文会详细叙述。

久保之昌、北冈文兵卫与木村庄平三人不仅获得了千束屠宰场，还购得了三田四国町（现港区芝町）占地四万五千余坪的国营三田育种场。三人在三田四国町成立公司"丰盛社"，专营军农用马及羊类饲养，兼营鸟兽市场。千束的屠宰场内也建起了"丰盛社支社"。

从宏观角度而言，警视厅将屠宰场从直接管辖转为民营的行为，体现了明治政府废除近世统治秩序，建立资本主义制度的趋势。资本主义制度不仅否定了近世基于"仲间"关系的管理、统治方式，而且使牛肉批发商、零售商等同行业者集团的构成发生了根本性变化。然而，在研究明治政府的改革趋势之前，不妨再一次聚焦曾经的贱民阶层。

新政府（警视厅）与牛肉批发商的冲突，可以视为明治初期藩阀政府与自由民权势力之冲突的一部分。在这一冲突对立中，曾经的贱民阶层被逼入进退两难的窘迫处境。然而若要研究明治维新对贱民阶层产生的影响，就必须剖析这一冲突的实质。

第三节 三味线皮匠小林健次郎的挑战

旧贱民层的关系网

本章的主要研究对象是小林健次郎。小林健次郎曾属于贱民等级，居住于浅草新町，"贱民废止令"颁布后移居龟冈町，靠经营三味线的原材料，即皮革为生。三味线是日本的传统拉弦乐器，众多江户传统曲艺都以三味线为主要伴奏乐器。三味线音色的优劣取决于琴身上覆盖的猫皮或犬皮，三味线皮匠的主要工作则是收购病死猫狗，割下皮后进行加工以供制作三味线使用。小林健次郎在犬瘟流行之时，大范围收集、处理病犬与野犬，将其加工为皮革后出售。他向政府提交了下述文书：

> 本年四月中，东京三、四大区病犬泛滥，殃及多人。吾请愿于警视厅，望恩准吾辈猎杀病犬。警视厅允吾之请，赐吾以鉴札，故得殴杀病犬、狂犬、野犬甚众。此后，复有病犬出没，六月二十五日，警视厅召吾进见，命吾尽除六大区之犬，吾辈感恩涕零（《明

治七年诸向往复》)。

小林健次郎甚至还向神奈川县请愿，要求准其猎杀野犬。无论对自己的猎犬本领有何等自信，小林健次郎也不可能凭一己之力完成如此大范围的猎犬任务，支持他的是江户时代以来一直维持的贱民关系网。小林健次郎的经营范围不仅局限于皮革，而且将触手伸向了与食用肉产业同步发展壮大的动物化工产业。

平等的经营者

一头牛中，六成是精肉，四成是内脏、骨头和皮革等杂物。杂物既可以用水煮后提取牛脂，也可以制作肥料、染料（亚铁氰化钾等）和铁含量测试剂。特别是牛中可以提取名为普鲁士蓝的颜料，是浮世绘画家非常青睐的颜色，该颜料在江户时代一直依赖荷兰进口。歌川广重《名所江户百景　日本桥雪晴》中日本桥川河畔与葛饰北斋《富岳三十六景　凯风快晴》的天空均使用此颜色。

上述杂物的加工制造被称为"兽类化工"。明治十四年（1881 年）千束屠宰场附近兴建了兽类化工厂，其规划图保留至今。化工厂共有四座，分属不同公司，分别为小林健次郎经营的润国社、木村庄平经营的丰盛社支社、两名士族经

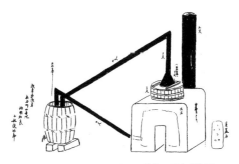

小林健次郎上呈请愿书中记录的化工设备计划图

营的弘义社、牛肉批发商共同经营的屠兽厂附属化工厂，所有工厂统一配有烟囱等防臭装置。弘义社主要使用焚烧后的兽类骨灰制作肥料，其他三社均通过长时间加热动物内脏引发化学反应，制造化合物。他们先将排放出的氨气等物质用管导入别的桶中，然后导回容器再次加热以减少臭味，在此基础上制作肥料、染料。

从计划图可知，小林健次郎的设备非常原始简易，与木村庄平及牛肉批发商的资本差距显而易见。但是，小林健次郎是独立的化工厂经营者，与木村等人处于平等地位，这是他与其他在牛肉屠宰特许公司充当雇佣劳动力、遭受不公平待遇的贱民们的最大差别。小林健次郎之所以能被称为独立的经营者，主要是因为他大力宣传自己的独特技术，对不断兴起的兽类化工业表现出强烈的参加欲望。从小林健次郎上呈给东京府的《兽类化工厂设置请愿书》中，可以强烈感受到他的这一意愿。

> 吾为报国恩，日夜钻研，若腐烂之物可为农家田肥，则可有增国益，微报国恩。吾之旧业，专营剥病死牛马之皮，去其首尾之毛。牛马之骨可为砂糖之养肥，然仅此一种，无益于他作物。纵弃内脏，亦可研磨肝胆以取有益之物（中略）。若能活用从前废弃之物，则可官定其为有益之物。若发贻害健康之臭气，可用苯酚、次氯酸钙除臭。亦应有预防之念，设厂于无人无家之地（后略，《明治十三年回议录》）。

小林健次郎希望通过处理病死牲畜的经验，研发出有效利用牲畜杂物的新方法，以此开辟新的产业增长点。可见，他不满足于三味线皮匠之职，开始挑战肥料生产这一新领域。

木村庄平的支援

然而，近世以来的身份等级歧视依然根深蒂固，仅仅依靠强烈的愿望很难成为独立的经营者。小林健次郎之所以能成功地建起自己的化工厂，全靠千束屠宰场的经营管理者木村庄平给予的支持。

四座化工厂的生产原理均为加热动物内脏、骨骼等杂物产生化学反应，但筹集原料的路径却各不相同，特别是牛肉批发商经营的屠兽厂附属化工厂与其他三座工厂的原料来源存在极大差异。牛肉批发商是屠宰场拥有者，屠宰场生产出的一切物品均为其所有，没有义务将杂物转让给他人。因而，牛肉批发商垄断了千束屠宰场生产的所有杂物，其化工厂就坐落于屠宰场旁边，可以迅速进行加工。木村庄平经营的丰盛社支社虽然坐落于千束地区，却无法从屠宰场购得杂物作为原料，费尽心力也只获得了屠宰场废弃的牛血。

　　木村之所以无法顺利购得杂物，是因为牛肉批发商故意从中作梗。警视厅对屠宰场的直接管辖招来牛肉批发商的强烈反感，再加上此时自由民权运动勃然兴起，牛肉批发商对藩阀政府的反抗情绪也日益高涨。木村庄平的后盾恰是萨摩藩与警视厅，因而牛肉批发商才对其百般刁难。针对这一状况，木村庄平试图推起化工厂建设热潮，不断引入新生力量以壮大势力对抗牛肉批发商。因此，木村庄平才积极地帮助创业欲望强烈的小林健次郎。小林健次郎的润国社与两名士族建立的弘义社几乎同时成立，贱民等级的人们获取死亡兽类的经验与途径使这些新兴工厂建立了自己的原材料渠道。

超越身份等级制

虽然详情不明，但小林健次郎应当是全身心投入兽类化工厂的经营，即便如此，他的化工厂似乎依然是走上了死胡同。明治十九年（1886 年），小林健次郎通过东京府向农商务省水产局提交了请愿书，希望学习鱼油的制造方法。小林并没有署上"润国社社长"的头衔，可以推知利用死亡兽类生产肥料的计划并未成功。

小林健次郎在请愿书中写道，自己虽然潜心研究提取鱼油的方法，却屡屡失败。自江户末年以来，精油制品一直是日本重要的国产加工制品，其中植物性精油品质极高。然而，鱼油的提炼需要较高技术，自己在实验中屡屡碰壁。听闻水产局在实验中成功提炼了鱼油，希望能允许其参观学习制作工艺。水产局的回复是，仅是参观自然无妨，但鱼油精炼仍处于试验阶段，无可传授之工艺。待今后工艺成熟之后，再考虑传授之事。小林健次郎此后的经历再无史料记载。

小林健次郎向水产局提交的请愿书，主要内容为请求传授鱼油制作工艺（东京都公文书馆藏）

在牛肉屠宰特许公司中工作的贱民依然被传统的身份等级体制束缚，持续遭受歧视性对待。弹直树、小林健次郎等人都以过去的贱民集团关系网为基础，在藩阀、政商的支持下最终实现理想，而藩阀与政商却时而冷酷地抛弃与之合作的贱民首领。只有到了更晚的时代，曾经的贱民们才学会依靠团结的力量对抗压迫与歧视。

正是小林健次郎等人超越传统的身份等级制枷锁，尝试通过缔结新的利益关系来扩展工作机会，人们才建立起不依赖于身份等级秩序的新联系。因此，贱民们的行动在客观上孕育了新型社会关系，最终取代了近世身份等级秩序。

第四节　伊吕波大王与自由民权

与政府的勾结

在廉价收购了国营屠宰场之后，木村庄平在三田四国町成立了兴农竞马公司，专营农用马、军用马的品种改良与繁殖，此后更是承办了一系列重大项目，包括天皇出席的"天览竞马"。然而，兴农竞马公司的背后一直有政府的支持。明治十四年（1881年）七月内务卿松方正义在上呈太政大臣三条实美的文书中，汇报了兴农竞马公司的困境：

> 自创业之初，经费日增，苦虑万分，终至公司无以为继之窘地。（中略）此公司不可弃之不顾，故于本省经费定额之中，十二年度拨金七百元，十三年度拨金五百元于该公司（后略，《明治十四年公文录》）。

简而言之，政府一直提供经费帮助木村运转公司，希望得到三条实美的理解与支持。政府不仅将国有财产廉价卖给久保、北冈、木村等人，而且在完成民营化后依然用政府经费资助其运营，这一状况与引发明治十四年政变以及自由民权运动的北海道开拓使国有资产变卖案如出一辙。

与牛肉批发商的对抗

屠宰场征收的高昂手续费逐渐成为阻碍牛肉产业发展的重大问题，直接造成了牛肉批发商与木村庄平、警视厅的尖锐冲突。明治十年之后，日本国内对牛肉的需求量仍在不断攀升，牛肉批发商的营业额也水涨船高。然而到明治十四年（1881 年），牛的进货价格飙升至五十七日元一头，较之前上涨了一倍有余，牛肉批发商的纯利率明显下降，甚至出现赤字，牛肉零售商也同样受到波及。明治十三年（1880 年）起，牛肉批发商开始向萨摩藩的重要人物、警视厅总监桦山资纪请愿，要求降低屠宰场手续费。针对这一要求，桦山资纪于明治十四年（1881 年）一月做出回应，表示手续费问题属于牛肉批发商与木村庄平之间的"私人契约"，政府不予以干涉，将责任全部推给了木村庄平。

牛肉批发商遂与木村庄平展开交涉，要求降低手续费，木村庄平的回答是："从今往后，手续费问题属民间的私人契约，如何定价，全靠吾与汝之协商。汝等支出手续费之人敦促吾减免，吾虑现今物价之高腾，自认为手续费只可增不可减。"木村庄平仰仗自己与萨摩藩的关系，垄断着屠宰场的管理权，但与牛肉批发商谈判时，却宣称双方是平等的百姓。牛肉批发商对靠警视厅获得特殊权利的政商木村庄平的反感日益强烈。

明治十四年牛肉批发商与警视厅的对决

明治十四年（1881 年），自由民权运动蔓延至日本全国。牛肉批发商们也高呼"私人契约"的自由，从三个方面展开了激烈斗争。第一个是从明治十三年十一月开始，直接向警视厅请愿；第二个是要求东京府向警视厅抗议；第三个是私下与木村庄平进行交涉，要求降低手续费。牛肉批发商最初向东京府上呈了"请愿书"，但后来又改为"指令督促书"，换言之更强硬地要求东京府向警视厅发出指令。时节已近牛肉最易腐烂的夏季，牛肉批发商的斗争也随之激烈化。

联名上呈"指令督促书"的不仅是牛肉批发商与拥有店面的牛肉零售商的强烈意愿，还包括两千名贩卖牛肉的流动摊贩。这些流动摊贩与牛肉批发商一样，成本价因上缴警视厅的手续费而上升，而进货效率降低又会导致牛肉品质下降，对生意造成极大影响。

明治十四年四月以后，牛肉批发商的要求不仅限于降低手续费，他们开始要求废除木村庄平对牛肉产业的垄断，在东京南部开设新的屠宰场。东京府意识到对牛肉批发商的要求不能再继续置之不理，于是咨询警视厅是否能够控制手续费，警视厅也在形式上劝导木村庄平降低手续费。然而，警视总监桦山资纪继续让木村庄平管理屠宰场相关事宜，始终不允许新设屠宰场，斗争陷入胶着状态。

八月二十四日，北海道开拓使国有财产民营化问题引来舆论对藩阀政治的强烈批判，屠宰场管理问题因此出现了转机。警视厅虽然没有直接涉及斗争焦点的手续费减免问题，却以警视厅代理总监绵贯吉直的名义发布公告，废除了"诸兽屠场规则"第一条"屠宰场仅限一处"的相关规定。为了防止舆论对政府的进一步抨击，政府默许牛肉批发商在东京南部开设新屠宰场。牛肉批发商获得了一定程度的胜利，自此开始筹划于东京南部的白金今里村建设公共屠宰场。

追求经营自由

牛肉批发商的上述行为在江户时代极为罕见，充分显示了这一阶层在新时代的新特征。明治四年（1871年）废藩置县后，涉及土地与户籍的日常行政管理中，以旧有身份等级制度为基础的管理方式迅速遭到淘汰。然而，像牛肉屠宰特许公司一样，在很多行业中依然残留着近世以来的传统，即同行者组成自治性集团，由集团组织管理该行业的生产活动。牛肉屠宰特许公司的人们把向政府上贡肉类、维持屠宰场卫生、接受兽类检疫视为公差或"御用"，与此相对的，政府要保障其经营特权作为回报。形成于近世的公差与特权（＝营业权）对等原则依然存在于大多数人的思维逻辑中。

然而，到了明治十年（1877年）后，警察开始直接介入健康卫生、风俗产业、道路交通、商业经营等诸多领域，这对众多行业造成严重冲击，公差与特权的关系也遭到了根本性破坏。在此情况下，牛肉批发商等拥有一定资产的个体商贩开始主动通过斗争保障自身合法权利，而非通过承担公差来攫取特殊权利。

从表面上看，与警视厅展开正面对决的牛肉批发商人们属于同行业者集团，与近世的"仲间"组织没有本质区别，实则不然。从牛肉批发商与警视厅、木村庄平的斗争过程中可以看出，促使他们团结在一起的是保障自身经营自由权这一核心目标，而非承担同一公差。牛肉批发商们坚信，"纵令官许之营业者，亦须遵私约之效用"（《指令督促书》），换言之，就算是与藩阀勾结的政商也一样是平等的平民百姓，必须遵守契约。这是牛肉批发商们在与政府的对抗过程中不断学习、自发形成的维权意识。

从政商到个体商户

此后，木村庄平依旧持续扩大经营规模。明治十四年

（1881 年），木村庄平向农务局申请收购绵羊，试图将羊肉生产纳入经营范围。牛肉批发商在东京南部的白金今里村开设屠宰场后，木村庄平也立刻加入其中，创办了牛肉火锅"伊吕波一号店"。此后，木村庄平一方面经营屠宰场，致力于畜产业振兴，一方面将牛肉火锅店做大做强，成为店铺数超过二十家的连锁店，因此获得绰号"伊吕波大王"。

然而好景不长，正如试图染指制鞋业的弹直树因巨额订单遭陆军毁约而受到沉重打击一样，木村庄平的畜产业不断受到政府政策干扰，一度被逼上绝路。明治十九年（1886 年），木村庄平的经营据点三田四国町突然被海军指定为土地收购对象。木村庄平竭尽全力试图阻止收购却无果而终，只得接受海军的收购，然而海军却迟未交付收购金，收购案因此搁置。明治二十二年（1889 年），海军反过来逼木村庄平买下另一处土地。木村庄平多方筹款，终于凑齐了一万日元定金，于周六上午十一点交到了大藏省。然而，大藏省却以晚于最后期限一小时为理由，拒绝收款，木村庄平立刻陷入破产危机。

事已至此，木村庄平不再向政府请愿，而是向东京控诉院起诉海军大臣西乡从道和东京府知事高崎五六，要求二人执行原有命令。这一行为表明，曾靠与萨摩藩的紧密关系风光一时的木村庄平下定决心作为一名个体商户，与藩阀政府进行正面对抗。然而，东京控诉院却以木村庄平对海军大臣的要求与对东京府知事的要求截然不同却写在同一诉状中，不符合起诉文书格式为由，迅速驳回了他的起诉。

木村庄平虽然被逼上了绝路，却凭借自身才能与胆识平安渡过了危机。他将经营范围扩展到观光旅游和丧葬行业，实现了经营领域的多元化。明治二十三年（1890 年），牛肉相关行业的经营者组织成立起"牛商会"，木村庄平成为牛商会的发起人代表。牛商会是以牛肉批发商人为主要成员的协会，木村庄平也已成为从事牛肉产业的独立个体商户。他与牛肉批发商已经从曾经的对抗中超脱，为在明治时代谋求生存而选择携手共进。

结　语

　　明治三年（1870 年），东京府收到了厚厚一册题为"发结评论"的意见书，其内容当然不是有关各种发型优缺点的评价，而是总结了针对是否应废除"发结"这一身份等级的公差与特权，政府相关人士召开会议商讨的结论。在其中发表意见的，是负责东京市内行政的中年寄、添年寄等官员。

　　江户时代末期，发结承担的公差主要有两项。第一项是每年为囚犯理发两次，囚犯的卫生状况一般很差，所以这一工作绝非轻差。第二项是在出现紧急情况时，发结要替各行政部门传递重要文件。在町奉行所看来，发结的工作与脚夫无异，并无特殊之处。然而，发结却因为承担上述两项公差而获得在市郊开设理发店或在町内流动营业的特殊权利。

　　有关发结公差与特权的存废问题，中年寄、添年寄提出的意见非常严肃认真，因为公差与特权直接关系到发结们的生死存亡。如果特殊权利被废除，发结们就有可能因失去生活来源而流落街头。此外，发结特权的"株"化也是十分棘手的问题。在江户时代，向发结征收份钱的权利被作为一种"株"，在市场上广泛流通。19世纪初期，日本桥北侧的品川町里河岸发结场所（现在的日本桥三越总店附近）的发结株总价值四百八十五两，相当于今天的数千万日元。这些"株"被分割成多份，流通于东京各地，中年寄、添年寄的多数人认为发结株的存在不可忽视，因而主张维持发结的公差与特权不变。

虽说拥有固定的公差与特权，但一般民众并没有将发结视为独立的身份等级集团。学界将这种类似于身份等级集团的组织称为"边缘身份集团"。但在当时，发结们却明确主张自己是独立的身份等级集团，而中年寄、添年寄的大多数人也持相同观点。

这种身份等级观念渗透至江户社会的各个角落。明治维新之后，江户改称东京，但人们并未立即改变固有的身份等级观念。"保证每月上缴份钱，恳请赐予市中垃圾的清扫权，以制作肥料""恳请仅允许吾等为女性理发，为此保证纠察为女性理发者中扰乱风纪之人"，此类通过承担公差换取特权的请求在维新之后依然络绎不绝。

维新之后之所以会出现此类需求，是因为江户时代以来的身份等级观念已经深入所有民众的骨髓之中，而没能获得町人身份的民众只有靠承担公差才能获取稳定的生活来源。部分学者将这一现象称为"身份等级制的成熟与渗透"。然而从客观角度而言，这一趋势却导致身份等级制中出现了流动性，动摇了身份等级统治的稳定性。换言之，身份等级制内部存在着促使其自我瓦解的要素。然而需要注意的是，只有户主才能利用身份等级制度谋生，女性以及那些无法成为户主的男性一直以来都被排斥在身份等级体系之外。

在明治政府和东京府的共同努力下，身份等级统治秩序不断走向瓦解。明治五年（1872年）二月二日，废藩置县公告发布约半年后，安居于本所一丁目的幕府遗臣本多元治接到了记载有太政官通令的回览板[1]，通令的内容是此后除五大节日和天长节之外，废除其他所有宫内参拜仪式。通令内容并非重大法令，但本多元治等人接到回览板后却大吃一惊，因为居住在本所附近的所有居民都平等地享有阅读回览板的权利，除前滨田藩主德川齐昭之子松平武总、前膳所藩主本多康穣等旧大名以及本多元治等低级幕府遗臣外，伊藤直八、河原新七、西川彦市等町人的名字也赫然在目。

在江户时代，法令只会通知涉及的人员，本多元治从属的小普请附、大名从属的留守居组合、町人所属的町中组织等都严格将信息的传达限制在身份等级集团内部。这种法令信息的传达体系是维护身份等级统治秩序的重要手段。然

---

1 日本町村级行政单位向居民发布通知的主要手段，回览板由通知事项和阅后签名两部分组成，居民在阅读完毕后须签名画押，并传给自己附近尚未阅读者。

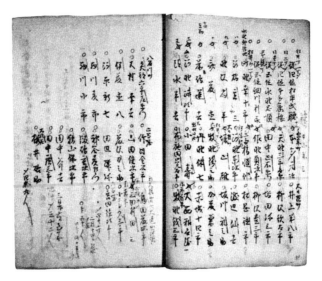

明治五年（1872年）二月二日，传至本多元治手中的太政官通令，武士、町人成为平等的通知对象（《身份留》，东京都公文书馆藏）

而，前文提到的太政官通令却不再区别身份等级，大名、幕府臣僚与町人一样通过阅读回览板获取信息。这种以居住地为基础的行政管理模式在明治政府通过废藩置县强化权力基盘之后方得实现。本书追溯了明治政府废除身份等级统治秩序的曲折道路，而这份回览板则展示了明治政府历尽艰难所取得的成果。

对于生活在江户—东京的人们而言，明治维新究竟带来了什么？在混沌的时代中，有人紧抓住身份等级制度，在挣扎中努力求生；也有人脱离旧有身份等级集团，变身为近代式的独立经营者，勇于挑战新兴产业；还有人从承担公差的特权集团转变成将自由经营权视为权利的个体商户，为维护自身权益而团结一心与政府对抗。在维新时代生存，就是在激烈的新旧交替中独自摸索生存之路。

上述人群构成了明治社会的一股势力，而以大久保利通为首的近代化精英们聚集于新政府中，构成了推动日本近代化的另一股势力，两股势力的交融与冲突过程，就是江户—东京的明治维新。

文献解题

　　本章主要介绍先行研究状况及明治维新时期江户东京研究的相关史料特征，列举各章使用的参考文献。

1. 先行研究

　　本书采用的研究方法是将明治维新的政治进程与江户社会的细节相对照，分析二者的相互作用。研究江户社会细节的方法参考学习了以塚田孝的《身份制社会和市民社会——近世日本的社会与法》（柏书房 1992 年）和吉田伸之的《传统都市·江户》（东京大学出版会 2012 年）为代表的，阐述身份等级与都市社会构造的研究成果。其中值得推荐的有塚田孝的《近世身份社会的研究方法》（部落问题研究所 2010 年）和吉田伸之的《日本历史　第十七卷　成熟的江户》（讲谈社 2002 年）等面向大众的普及性读物。

　　明治维新的政治史研究为本书提供了背景信息，明治维新史学会编纂的《讲座明治维新》（全十二卷，有志社 2018 年完结）可以使读者一览维新史研究全貌，其中每一卷的总论部分都十分有参考价值。此外，原口清的《明治前期地方政治史研究·上》（塙书房1972年）和宫地正人的《幕末维新期的社会政治史研究》（岩波书店1999年）研究社会与政治的相互影响，对本书有极大启发。

2. 江户东京研究资料

记载江户东京历史的史料在质与量两方面都十分优越。以东京府文书为代表的现存公文书资料非常丰富，这是因为町奉行所一直是江户幕府行政机构的中枢，这一地位直到明治四年（1871年）都没有发生变化，行政系统的持续性是公文书得以长期保存的前提。此外，《东京市史稿》，以及近世史料研究会自1994年起耗时十八年的《江户町触集成》（全二十二卷，塙书房）等持续性的编纂、研究工作使后续的江户相关研究更加便利。东京都编纂的《都史纪要》系列叙述了相关史料的特征与概要，成为东京历史研究的入门指南。《市政裁判所始末 东京府的前身》（1980年）、《区制沿革 从名主制到区制》（1950年）、《从江户到东京——东京奠都的经济史意义》（1953年）、《明治初年武家地处理问题》（1965年）等专著虽然成书时间较早，却是了解明治维新时期历史的有益参考书籍。

第一章介绍的鱼类批发商和泉屋三郎兵卫的《庆应丁卯

霜月望日日记簿》出自大阪府泉南郡田尻町豪农奥家文书（大阪市立大学藏），第四章介绍的新吉原花街的金融状况以及佛光寺贷款的相关资料出自长野县须坂市坂本家文书（须坂市藏）和中野市山田家文书（中野市立山田家资料馆藏）等豪农的史料。江户与全国各地结成了紧密的政治经济联系，因而江户相关史料分散到了全国各地。各地相继发现的新史料有助于对江户的更全面理解。

与江户东京相关的浮世绘、歌舞伎剧目脚本等文书以外的史料同样非常丰富。"江户歌舞伎大佬"河竹默阿弥的演技自是亲眼所见为佳，但无奈河竹谢世已久，只得通过阅读《名作歌舞伎全集·河竹默阿弥集2》（东京创元新社1969年）来品味"梅雨小袖昔八丈"等杰作。河竹默阿弥未能上演的剧作也收入了《默阿弥全集》（春阳堂1924—1926年）。河竹默阿弥的作品逼真地刻画了江户到明治时期的社会细节，通过阅读其作品可以迅速理解当时的社会构造。吉田伸之编纂的《朝日百科日本历史别册　重读历史19"发结新三"的历史世界》（朝日新闻社1994年）是阅读歌舞伎剧本的绝佳指南书。

3. 参考文献

序章

本书序章介绍了大久保利通与江户民众的天皇观差异。

讽刺锦绘《当今三味线之乐》的相关内容参考学习了奈仓哲三的《图解幕末讽刺画和天皇》（柏书房2007年），在此表示感谢。奈仓可谓开创了利用绘画资料研究民众意识的新方法。久住真也的《王政复古——天皇和将军的明治维新》（讲谈社现代新书2018年）等从空间论的角度研究天皇与朝廷，给予本书极大启发。

第一章　从江户到东京

本书内容基本以笔者已发表的论文为基础，但是第一章却是例外。第一章在介绍了诸多先行研究的基础上，提出了笔者的新见解。国立历史民俗博物馆编纂的《从队列看近世——武士、异国与祭祀》（企画展示图录2012年）和久留岛浩编纂的《被描绘的队列武士、异国和祭祀》（东京大学出版会2015年）都将《江户城登城风景图屏风》作为展现都市社会、武士身份等级特征与祭祀意义的史料加以介绍。岩渊令治的《江户城登城风景的两个表象——名所画和历史画之间》（收于近藤和彦、伊藤毅编纂的《别册都市史研究　江户与伦敦》山川出版社2007年）与铃木章生的《江户名所与都市文化》（吉川弘文馆2001年）提出的"名所论"帮助笔者加深了对绘画的理解。笔者参考茎田佳寿子《内济和共事宿》（收于朝尾直弘等编《日本社会史第五卷　裁判和规范》岩波书店1987年）等作，将目光聚焦到屏风上所画的露天店，对绘画进行了尝试性解读。

藩政资料也是研究江户的重要史料之一。松本良太的《武家奉公人与都市社会》(校仓书房2017年)研究了江户藩邸社会的实际状态，给本书以重要参考。江户东京博物馆、清文堂史料丛书收录、翻刻了纪州藩参勤交替武士酒井伴四郎的日记与相关史料，值得学界关注。滨町、蛎壳町地区的状况参考了《姬路城史下卷》(姬路城史刊行会1952年)、《姬路市史第四卷》(2009年)、西向宏介的《近世后期的特产政策与流通》(收于吉田伸之编《史学会言谈会丛书 流通与幕藩权力》，山川出版社2004年)。府内藩的状况参考了《府内藩记录》、安藤保的《府内藩青席专卖制的发展 以天保改革为中心》(《社会经济学》35-2，1969年)以及《大分市史》等基础性史料。今后若要深入了解江户末年以来的政治演变与专卖制度的相关性，就需要进一步加强对中房和大川端地区特征的研究。

佐佐木克的《江户变为东京之日 明治二年的东京迁都》(讲谈社2001年)详细阐述了新政府中枢及残留在京都的势力针对迁都东京一事的博弈过程。本书第一章站在东京的视角，审视了迁都过程。大久保利谦曾在《版籍奉还的实施过程与华士族的诞生》(《国史学》102，1977年)一文中提出，在研究江户东京的明治维新时，必须同时考虑全国统治与东京统治两个方面。横山伊德也在《镇将府考（上下）》(《人民的历史学》72·76，1982—1983 年）中，将三条实美主导的镇将府定性为从战时向平时转移的过渡性机构，将东京的管理置于东国乃至日本全国统治体系之内，阐述了分阶段研究新政府东京统治政策的重要性。近年，田村贞雄的《幕末江户的御用盗横行与御札降》(《国际关系研究》28-1，2007 年）等研究探明了江户末年萨摩藩在江户进行的挑衅行为的真相。宫间纯一的《戊辰内乱期的社会 佐幕与勤王之间》(思文阁出版 2015 年）及奈仓哲三、保谷彻、箱石大编纂的《戊辰战争的新视点（下）军事与民众》(吉川弘文馆 2018 年）等研究以东京和关东地区的具体状况为基础，深化了戊辰战争的相关研究。奈仓哲三的《通过东京都公文书馆藏文书解读第一次天皇巡幸东京》(《迹见学园女子大学文学部纪要》52，2017 年）及本书阐述的东京统治危机的深刻程度均需以上述研究成果为背景。

第二章 东京的幕府遗臣们

本章以拙作《明治维新与近世身份制的解体》(山川出版社 2005 年）中论及户籍政策的章节与《被解体的权力》(收于吉田伸之、伊藤毅编《传统都市 2 权力与霸权》东京大学出版会 2010 年）为主线，对比了东京府通过户籍法对身份等级制的摸索与造成身份等级制空洞化的幕府遗臣活动。

户籍法很早就被社会法学研究者关注，下山三郎的《近代天皇制研究序说》(《东京经大学会志》65/66，1970 年)等著作将明治初年的户籍政策作为治安立法的一环进行研究。笔者通过研究发现，户籍修正政策虽然是明治初年东京统治政策的基石，但东京其实是最难以废除身份等级制度、实现四民平等政策的地区。参考竹本知行的《幕末维新的西洋兵学与近代军制——大村益次郎及其继承者》(思文阁出版 2014 年)，笔者得知了兵制问题与东京治安问题的相关性。若要研究户籍修正政策中的贫民对策，首先应当参考北原系子的《都市和贫困的社会史——从江户到东京》(吉川弘文馆 1996 年)。

真正使新政府陷入困境的并不是幕府遗臣的抵抗(樋口雄彦《败者的日本史 17 箱馆战争和榎本武扬》吉川弘文馆 2012 年)，也不是脱籍浪人和抱有强烈"士大夫意识"和"朝廷直属感"的草莽人士(宫地正人《幕末维新期的社会政治史研究》岩波书店 1999 年)。新政府相关人员与本多元治等幕府遗臣都迫不及待地攫取土地，这一行为才是阻碍基于"人地一致"原则的身份等级制重组的根本原因。近年来出现了从空间利用的视角出发研究明治维新时期都市社会变化的新作，例如松山惠德《江户东京都市史——近代转型期的都市、建筑和社会》（东京大学出版会 2014 年），值得研究者注目。

　　第三章　町中生活

　　本章以分析柳原路边店构造的拙作《江户町人地社会的构造与路边店商人上缴地租运动——以神田柳原路边店为例》（《明治维新与近世身份制的解体》山川出版社 2005 年）为主线，探讨了町中的社会构造在明治维新时期发生的变化。南和男的《幕末江户社会研究》（吉川弘文馆 1978 年）、松本四郎的《日本近世都市论》（东京大学出版会 1983 年）等著作大幅推进了有关江户町中的居民构成与幕末都市下层民众生存状况的研究，本书多处引用了上述著作的观点。本书从身份等级制视角分析江户社会，这样就可以灵活利用都市史研究以外的众多近世社会史研究方法与标准，更加多维地审视江户东京的历史。

　　江户的管家阶层是土地拥有者的代理人，同样被视为町中的成员。本章的这一观点参考了岩渊令治的《江户地主的管家支配基调——地主的"家"和管家的家》（《关东近世史研究》35，1993 年）和《近世中后期江户的"管家的町"的实像》（五味文彦、吉田伸之编《都市与商人、艺人——从中世到近世》山川出版社 1993 年）。小林信也在《江户的民众世界与近代化》（山川出版社 2002 年）中对路边店地区进行了构造分析，本书吸收此理念，将路边店地区视为一个拥有完整机能的地域社会。

第四章 花街的明治维新

塚田孝的《吉原——妓女周边的人们》（《身份制社会和市民社会——近世日本的社会与法》柏书房 1992 年）最早指出吉原与其他町一样是居民的共同体，开辟了对吉原进行构造分析的道路。然而《妓女周边的人们》一文并没有将妓女视为共同体的一员。与此相对的，曾根广美的《娼妇与近世社会》（吉川弘文馆 2003 年）则将卖淫行为四处泛滥的近世社会称为"卖春社会"，从妓女的视角出发研究问题。此后，佐贺朝、吉田伸之编纂了《系列 花街社会》（全二卷，吉川弘文馆 2013—2014 年），成为花街社会研究的集大成之作。塚田孝的理论与佐贺朝、吉田伸之略有出入，但笔者参照了双方的观点，以花街的社会构造与妓女自身意愿及行动的矛盾为基础，考量花街的生存模式。同时，笔者注重参考中世、近代的卖淫体系与近世的不同之处。本书以拙作《艺娼妓解放令和妓女——兼介绍新吉原阿悴事件相关史料》（《东京大学日本史学研究室纪要别册 近世社会史论丛——吉田伸之先生退休纪念》2013 年）、《新吉原的"花街社会"与妓女的历史性格——寺社贷款与北信浓豪商的关系》（《部落问题研究》209，2014 年）等为基础，考察了上述两点变化。其中多处参考了宫本由纪子的《隐卖女与旗本经营——以"藤冈屋日记"为中心》（《驹泽史学》55，2000年）和《有关吉原出租屋的考察》（地方史研究协议会编《都市的地方史——生活与文化》雄山阁出版1980年）等吉原相关研究。近世与中世花街的相关性则参考了辻浩和的《中世的"妓女"生计与身份》（京都大学学术出版会2017年）。

第五章　屠宰场的人们

本章以拙作《屠宰场的人们》（收于塚田孝编《边缘身份等级与近代社会4 生存于都市的边缘》吉川弘文馆2006年）为主线，添加了众多新内容。

塚田孝的《从身份论看历史》（校仓书房2000年）和峰岸贤太郎的《近世被歧视民的历史研究》（校仓书房1996年）是研究弹左卫门统治体系全貌的代表性著作。南和男的《幕末江户社会史研究》对幕末时期弹左卫门的统治状况进行了详细描述。皮革产业沿革史编纂委员会编纂的《皮革产业沿革史》（上卷，东京皮革青年会1959年版，1989年再版）描绘了弹左卫门晚期的状况。

东京府文书中也有大量与贱民等级相关的史料。部落解放研究所编纂的《明治初期被歧视部落史料集》（部落解放研究所1990年）几乎收录了所有与贱民相关的史料。近年，以约翰·波特的《明治初期东京町会所的解体与贫民救济＝

统治》(《历史》265，2017年）为代表的新视角研究取得了令人瞩目的成果。

有关贱民制度的解体问题，上杉聪的《明治维新与贱民废止令》(解放出版社1990年)、丹羽邦男的《地租改正法的起源——开明官僚的形成》(密涅瓦书房1995年)注重研究地租改正与贱民废止令的关系，铃木良的《部落问题在日本近代史中的地位》(《历史评论》368，1980年)则关注户籍法对贱民的影响。笔者曾在拙作《贱民废止令的制定理由及其历史地位》(《东京大学日本史研究室纪要别册 近世政治史论丛——藤田先生退休纪念》2010年)中提到，要将贱民废止令放在近世身份等级统治秩序瓦解这一历史过程中进行研究分析，本书也贯彻了这一思路。

明治十年之后，警察对卫生政策与营业税的干涉逐渐增强，肉食产业、性服务业、理发业和演艺业都进入了警察的监管范围。大日方纯夫的《日本近代国家的形成与警察》(校仓书房1992年)从整体上阐释了警察与都市的关系。只要谈到日本的肉食产业，就必然会涉及木村庄平和他的牛肉火锅连锁店"伊吕波"。如果有读者曾阅读山田风太郎的小说《伊吕波大王的火葬场》的话，恐怕立刻会联想到木村庄平身披红斗篷在东京疾驰的形象。受木村庄平知遇之恩的松永敏太郎曾于木村过世后两年撰写了《木村庄平君传》(锦兰社 1980 年），本书参考了该书。但是若要更加深入地了解木村作为个体经营者时期的状况，还有待发掘新史料。

本书虽然试图探究自由民权运动时期东京民众的动向，但发现东京市的地域社会结构依然存在诸多疑点。中岛久人的《首都东京的近代化与市民社会》（吉川弘文馆 2010 年）将这一时期定性为资产者与都市下层民众不断分离并形成各自独立阶层的时期。对这一时期进行深入研究绝非易事，但对学者来说却又充满了喜悦，因为能在维新时期之后的东京追溯到众多生存于"都市社会"的独特人生轨迹。

4. 数据库

本书引用的数据库资料均为网络公开数据库，输入数据库名称就可以进行阅览。

在对"东京都公文书馆情报检索系统"收藏史料进行检索时，只需要内容摘要、人名、起草部门、年代、史料类别等信息，就可以进行检索。明治前期的史料已经完成了电子数据化，就连这一时期生活在东京的一介平民的信息都可以进行检索。如此细致的数据化工作应当是仅此一家。笔者接触到小林健次郎的信息，全部归功于这一数据库。

"东京大学史料编纂所维新史料纲要数据库"主要收录了幕末维新期间与政治相关的资料，包括详细的年表、史料集、人名辞典和历史事件词典。维新史研究之所以能够进行到如此细致的地步，在很大程度上归功于此数据库。维新史料编纂会事务局编纂的四千二百余册"大日本维新史料稿本"构成了此数据库的主干信息库。

"东京大学史料编纂所近世编年数据库"收录了近世初期以来的历史资料，《东京市史稿》也可以通过目录进行检索并阅读全文。该数据库收录的史料对了解江户东京有很大帮助。

此外，本书主要使用了"国立国会图书馆数字选集""日本法令索引明治前期篇"和"国立公文书馆数字资料库"等数据库。历史研究不能只靠数据库，但没有数据库也无法写成本书，在此谨向制作、管理数据库的各机构表示感谢。

5. 引用史料

各章引用史料列举于此。本书为方便读者阅读，引用的史料均添加了句读，并用片假名注音，将补充说明文字写进括号中。书籍杂志均使用首次出版时的信息，引用的《东京市史稿》的卷数均标在正文部分。

序章

《大久保利通日记　上卷》日本史籍协会，1927年，第452页。

第一章

近世史料研究会编《江户町触集成》9244、13206、13349、14359。

国立公文书馆藏《天保杂记》，No.1580《町奉行所腰挂茶屋江被仰渡》。

笠间神社藏　牧野家文书《宽政四年松薪江户回御入用留》，211-507。

《诸问屋再兴调》二十四。

大阪市立大学藏　奥家文书《庆应丁卯霜月望日记簿》。

太政官编《复古记》第一册，内外书籍，1930年，371页。

国立国会图书馆宪政资料室藏《岩仓具视关系文书》，263、254。

国立国会图书馆宪政资料室藏《大木乔任关系文书》，1812《喜悦书》。

广濑顺皓编修、杉谷昭·毛利敏彦监修《江藤新平关系文书》缩微胶片版，北泉社，1989年，第一三卷，2816《东京市政改革经过及预期》。

东京都公文书馆藏《身分留　明治元年戊辰十二月至辛未四年十一月　一号》，CH-153。

国立国会图书馆宪政资料室藏《大木乔任关系文书》，17-7《设教育所扶育教民之意见书》。

大塚武松·藤井甚太郎编《岩仓具视关系文书 第一》，日本史籍协会，1927 年。

大分县立大分图书馆藏《府内藩记录》，丙三九《江户来状 庆应四年戊辰正月》。

宫内省《三条实美公年谱》，卷 24，1901 年。

第二章

国立国会图书馆宪政资料室藏《三条家文書》48-1，《兵制改革意见书 大村益次郎》所收《朝廷之兵制永敏愚按》(摘自竹本知行著作翻刻本)。

东京都公文书馆藏《明治元年顺立帐》，10、632-E2-02。

东京都公文书馆藏《身分留 从明治元年戊辰七月至十二月》，605-A4-12。

东京都公文书馆藏《身分留 明治元年戊辰十二月至辛未四年十一月 一号》，CH-153。

东京都公文书馆藏《身分留 明治四年辛未十二月至壬申五年十一月 二号》，CH-154。

东京都公文书馆藏《府治类纂 十六·戊辰·地兴》，634-A4-16。

东京都公文书馆藏《府治类纂 十七·己巳·地兴》，634-A4-17。

东京都公文书馆藏《府治类纂 十八·庚午·地兴》，

634-A4-18。

内阁官报局《法令全书》，明治二年第四百六十一。

东京都公文书馆藏《府治类纂　十七·己巳·地兴》，634-A4-17 所收《拜借地规则》。

依田学海《学海日录　第二卷》，岩波书店，1991 年。

东京都公文书馆藏《明治四年政府建白伺愿录》，605-D8-06。

第三章

国立国会图书馆宪政资料室藏《大木乔任关系文书》，58-6《明治元年九月之杂事》。

国立国会图书馆藏　喜田川守贞著《守贞谩稿》第四卷·第五卷。

大仓精神文化研究所藏《庆应元年人别书上　四谷传马町新一丁目》《明治二年人别书上　四谷传马町新一丁目》。

东京都公文书馆藏《天保十四卯年　人别御改正书被仰出候节书留并南北御番所御预相成侯人别帐员数书并用所样共》，CL-064。

《大久保利通文书三》，日本史籍协会，1928 年，161—162 页。

宫内厅藏《三峰日记》。

路边店状况参考东京都公文书馆藏《明治三年顺立帐》，

9、632-D2-03、《明治三年顺立帐》，42、632-D6-04 等。

第四章

如无特别注明，本章引用史料均为东京都公文书馆藏《娼妓解放》2～5、604-A2-12～15。

东北大学附属图书馆狩野文库藏《新吉原竹岛记录》，4-11973-8、第七册《公役银纳控七》、同第八册《梅本记　三》。

藤冈屋由藏著、铃木棠三·小池章太郎编《藤冈屋日记》第四卷·第十五卷，三一书房，1988—1995 年。

国立公文书馆藏《东京府史料》四十四。

东京都公文书馆藏《取缔会社一件》，607-A7-03。

内阁官报局《法令全书》，明治九年太政官布告第一号。

第五章

国立国会图书馆旧幕引继书《宽政享和撰要类集》，815-8。

《东松山市史　资料编第三卷（近世编）》，1983 年，第 35、38 页。

皮革产业沿革史编纂委员会编《皮革产业沿革史上卷》，东京皮革青年会，1959 年，1989 年再版，第 38 页。

东京都公文书馆藏《明治十五年回议录》，612-A2-07。

部落问题研究所藏《明治三十一年旧秽多村状况调

查书》。

东京都公文书馆藏《明治七年居留地管理簿　屠牛场之事》，604-D5-18。

东京都公文书馆藏《明治七年诸向往复》，606-B3-04。

东京都公文书馆藏《明治十九年第一种回议录》，615-C7-03。

东京都公文书馆藏《明治十三年回议录》，611-B2-05。

国立公文书馆藏《明治十四年公文录》第七十九卷《东京府下兴农竞马会社手当近附与一件》。东京都公文书馆藏《明治十四年回议录》所收《御指令奉促书》，612-D3-01。

结语

东京都公文书馆藏《明治三年顺立帐》三十四、632-D5-04所收《发结职之仪评论》。

后　记

本书追溯了激荡时代的庶民生活，讨论了明治维新对东京居民的影响。各章的登场人物说不定会站出来说"你的误解实在可笑"或"你不可能了解我的心情"。然而，在研究过程中笔者发现了无数真实而细致的史料，这些史料构成了写作本书的原动力。可惜这些史料皆为手写文书，笔者不得不耗时间敲动键盘将其转化为电子文字。

本书使用的主要史料是东京府文书和东京市文书，这两种资料在太平洋战争期间遭空袭被焚毁十二万册。在危机不断临近时，东京市史稿编纂（现在的东京都公文书馆）负责人租借了埼玉县骑西町农家仓库，动用八辆木炭动力公交车将三万册文书转移出位于东京丸之内的食堂。公交车的窗户从内侧被封死以防御空袭，但途中还是遭遇了美国战斗机扫射，相关人员险些丧命。正是因为他们的努力，东京都虽然历尽战火与地震摧残，却保留下了可供研究维新时期庶民生活的珍贵史料。本书如果能向读者展示当时社会之片鳞半爪，实乃笔者之万幸。

首先要向自明治四十四年（1911年）至今，一直孜孜不倦地编纂了十一编一百八十一卷《东京市史稿》的工作人员致敬。本书写作过程中，经常看到新闻称有人篡改、隐藏甚至销毁公文书，而篡改者均为继承了一百五十年前明治维新衣钵的政府相关人员。从继承了江户时代传统的东京府公文书管理、保存制度来看，这些篡改实属匪夷所思。如果江户时代的"发结"还在世，肯定会大喝道"如有需要，我立刻前来传递公文书。别篡改、别隐藏、别销毁，要给后人看！"。仰观现状，更感公文书与历史研究者责任之重大。

笔者就职于国立历史民俗博物馆，同僚大久保纯一（近世绘画史）、岛津美子（保管科学）、樋口雄彦（日本近代史）、已退休的岩渊令治（日本近世史·学习院女子大学）、日本近世史学前辈久留岛浩馆长都对本书书写给予了莫大支持，对笔者零碎的疑问都会用丰富的专业知识进行解答，或将图鉴等研究资料借给笔者。佐佐木美香、远藤真由美、小川泰子也给予了笔者极大帮助。文责自然由笔者本人负责，笔者力图在书中展现新观点，但毕竟就职时间尚短，本书的执笔过程亦是学习国立历史民俗博物馆收藏的史料与先行研究的过程，深刻感受到国立历史民俗博物馆研究条件之优越。

本稿得以最终成书，皆仰仗编辑永沼浩一的支持与鞭策，笔者感激不尽。最后，向夜深之际仍与笔者一同讨论细节的丈夫伊德致谢。

横山百合子

2018 年 7 月

译者后记

　　无论是在日本还是中国的历史学界，对明治维新功过的探究一直是经久不衰的话题。随着历史资料的整理、汇编与出版工作不断推进，法律学者、社会学者、经济学者、心理学者也纷纷加入研究队伍，他们以迥异于传统历史学的视角解构明治维新，使学界对明治维新的认识不断走向体系化与多维化。2018年适逢明治维新一百五十周年纪念，日本各地展开了大量纪念活动，也召开了多场以明治维新为主题的研讨会，重新思考明治维新的功过得失成为日本近代史学界的研究热点。以此为契机，明治维新研究再次获得生机，融合社会学、心理学等诸多学科的研究思路与方法，以特定社会阶层为主要对象的微观研究成为新时期明治维新研究的主要特征。日本国立历史民俗博物馆教授横山百合子的著作《从江户到东京：小人物们的明治维新》正是这一时期涌现的明治维新研究著作中的佼佼者。上海人民出版社独具慧眼地选择将其译介到国内，无疑可以使中国读者对明治维新乃至明治时代日本的认知更加深入与全面。能够参与中文版翻译工作，译者深感荣幸。

横山百合子教授在书中引用了大量史料原文，这些史料大多摘自日本近代的公文书或私家书信，遣词造句与现代日语存在较大差异，一般的日本读者很难读懂。为此，横山百合子教授在引文后用现代日语进行解释，以帮助读者理解。此种写作方式对翻译工作来说是不小的挑战，若全部翻译成现代汉语，则会造成相同内容的罗列。译本将史料原文译为文言文，而将横山百合子教授的解释译为现代文，希望读者能够借此体会到史料原文与学者解读的不同之处。

事实上，翻译这部著作的过程，也是译者学习的过程，特别是第四章与第五章对日本近世底层民众的微观研究不仅丰富了译者对江户时代的认知，而且提示了日本近代史研究的新途径与方法。

感谢编辑范晶女士的通力合作，如果没有范女士的长期支持与努力，就没有本书的问世。本书作者横山百合子教授、日本国立历史民俗博物馆事业课资料系冈本美幸氏、西尾市教育委员会文化财课文化财担当铃木都氏等都曾在翻译工作中给以各种不同的帮助，谨致深深的谢意。

诚恳地期待着专家和读者对本书中译本的批评指教。

张敏　丁诺舟

2021 年 4 月

图书在版编目(CIP)数据

从江户到东京:小人物们的明治维新/(日)横山
百合子著;张敏,丁诺舟译. —上海:上海人民出版
社,2021
ISBN 978 - 7 - 208 - 16923 - 4

Ⅰ. ①从… Ⅱ. ①横… ②张… ③丁… Ⅲ. ①明治维
新(1868)-研究 Ⅳ. ①K313.41

中国版本图书馆 CIP 数据核字(2021)第 023377 号

责任编辑 黄玉婷 邱 迪
特约编辑 范 晶
装帧设计 compus·汐和

从江户到东京:小人物们的明治维新
[日]横山百合子 著

张 敏 丁诺舟 译

出 版 上海人民出版社
 (200001 上海福建中路 193 号)
发 行 上海人民出版社发行中心
印 刷 常熟市新骅印刷有限公司
开 本 889×1194 1/32
印 张 6.5
插 页 5
字 数 109,000
版 次 2021 年 6 月第 1 版
印 次 2021 年 6 月第 1 次印刷
ISBN 978 - 7 - 208 - 16923 - 4/K·3046
定 价 58.00 元